みんなで遊べる手話ゲームブック

だれかにあったらこんにちは

シンガーソングライター
新沢としひこ
&
手話指導
中野佐世子・松田 泉

すずき出版

Contents

 年少から遊べる  年長から遊べる  発表会やお楽しみ会で

Part 1 手話ゲーム

- ばったりジャンケン *ジャンケンゲーム* ……… 8
- ホー *お天気表現いろいろ* ……… 10
- だれかに あったら こんにちは *みんなとあいさつ* ……… 12
- いちばんのりは だれでしょう *あてっこゲーム* ……… 16
- あかいやねの おうち *家族を紹介* ……… 18
- タケタケのびろ *ストレッチタイム* ……… 22
- いつ だれが なにをした *問答ゲーム* ……… 24
- ふたつ みっつ *反対語をおぼえよう* ……… 28
- うるかい かうかい *商談成立？* ……… 30
- これは なぁに？ *想像力ゲーム* ……… 34
- みんなで いこう ハイキング *記憶力ゲーム* ……… 36
- あなたと わたし *手合わせ遊び* ……… 40
- せきを かわって くれませんか *寸劇ゲーム* ……… 42
- みんなで *まねっこ遊び* ……… 44

このゆび なんになる	指1本で いろいろ	46
わたしの なまえ	指文字で 自己紹介	48
じゅんばんの うた	誕生日は いつ？ ♣数の表し方	50
わたしの あいさつ	表情豊かに こんにちは	52
きょうは いちにち	どんな日 だった？	54
はやゆび ことばの うた	指の体操 ♣指文字表	56
ワンワンピョンピョン	組み合わせ わらべうた	58

Part 2 手話ソング

おばあちゃん おじいちゃんの マンボ	交流会で	62
じゅうにしの ボレロ	十二支 暗記歌	64
じゅうにの ほしの セレナーデ	星座 暗記歌	66
きみと いっしょに	追いかけ歌	68
世界中の こどもたちが	コーラス バージョン	71

手話50音さくいん＆種類別さくいん	77

はじめに

　ここ数年、小学校、中学校、幼稚園、保育園などでたくさんの手話ソングがうたわれるようになりました。手話への感心も高まっているように思います。子どもたちと手話ソングを楽しんでいる先生にもおおぜい出会いました。みなさん口々に「子どもたちはすぐにおぼえるんですよね」と言います。大人は余計なことをたくさん考えるので、手話をひとつやってみるのも、何か遠回りしているのかもしれませんね。子どもたちは、手遊びのひとつのように、素直に楽しんで手話をおぼえているのでした。

　そこで、子どもたちが、そして大人も子どものようにやわらかい心になって遊べるような、手話のゲームや遊び歌ができないかな？　と考えたのが、この本を作るきっかけでした。

　まずはだれかと向かい合い、手を動かしてみてください。人間は声だけでなく、体全部で話しているんだな、ということが実感できるのではないかと思います。2人で遊んでも楽しい、おおぜいならもっと楽しい、というゲームがたくさんのっています。はじめて手話にふれるという方でも、楽しむことができるものばかりです。反射神経を使ったり、ちょっとむずかしいと思うものも出てくると思いますが、それがゲームのおもしろさです。固くなった頭をほぐすつもりで、みんなで挑戦してみましょう。

　今回は手話でコーラスをしてみようという試みで、声だけでなく「手」の合唱も考えてみました。おおぜいで手を合わせてうたうすばらしさもぜひ体験してみてください。

　言葉とは豊かなものです。声に出す言葉、音声言語だけが言葉ではありません。視線、口の開け方、まゆ毛の上下、ほっぺたのふくらみなど、表情だって広い意味では感情を伝えるすばらしい言葉なのです。首をのばしたり、胸を張ったり、肩をすぼめたり、体全部を使って人は話をするのです。手話を使ってみると、そういうことがよくわかります。手を動かすちょっとしたタイミング、スピード、ニュアンスなどで、実にさまざまな表現ができるのです。そのことをぜひ、手話ゲームを通じて、楽しみながら感じていただきたいな、と思います。

　表紙の絵を描いてくださったあべ弘士さんは、旭山動物園で飼育係をしていた人です。「犬がしっぽをふるのも俺は『手話』だと思うんだ。あれは『うれしい』っていう、犬の言葉なんだよ」と話してくれました。表紙にはたくさんの動物たちが登場しています。裏表紙では犬がしっぽをふっています。みんなでいろいろなコミュニケーションをとってみようね、というこの本のメッ

セージでもあります。本編のイラストを担当してくださったジャンボKAMEさんも、大変な苦労をしながら、正確な手の形を、しかも表情豊かな楽しい絵で描いてくださいました。

　いろいろな思いのつまった本です。実際に使っていただけたら、うたっていただけたら、遊んでいただけたら、こんなにうれしいことはありません。

新沢としひこ

　聞こえない人の伝えたいという思いが、身振りを手話という「言葉」へと変えてきました。手話は、思ったこと、感じたこと、考えたこと、見たこと、知ったこと、わかったこと、何でも伝えることができる「目で見る言葉」です。耳の聞こえる人が言葉遊びをするように、聞こえない人たちも手話を大げさに表したり、ユニークな表現を工夫したりして冗談を言い合います。それは手話が彼らの言葉だからです。まるでお芝居のようにその場面が再現されたり、臨場感あふれる表情で感情を伝え合ったりと、その表現力には限りがありません。私たちは、楽しくて表情豊かな手話の魅力をもっともっとたくさんの人に知ってほしいと思ってきました。

　そして新沢さんの発案で、手話の動きや特徴を生かしたゲームを作ることになったのです。みんなで相談して、たくさんある手話の中から愉快な手話、カッコいい手話、不思議な手話などを選んでゲームにしました。みなさんのお気に入りの手話はどれでしょう。また、聞こえない人がよく話す会話や自己紹介のあいさつを、そのまま使ったゲームもあります。くり返して遊ぶうちに、いつのまにか日常会話が身についてしまうかもしれません。

　だれでも遊べるゲームや歌ばかりですが、なかには熟練した手話通訳者でも苦戦しそうなものもあります。小さなお子さんからおばあちゃん、おじいちゃんまで、手話を知っている人も知らない人も、どうぞ手話で遊んでみてください。みなさんにとってこの本が、手話との楽しい出会いとなることを願っています。

中野佐世子・松田　泉

手話を表現する時は

手話は基本的に胸の前あたりで表現しましょう。

耳の聞こえない人が手話で話をする場合、手話と合わせて口の動きを読みとって理解することが普通です。手話で会話する時や、歌をうたう時には、口の動きも相手に見えるようにしましょう。

絵とマークの見方

●歌詞や遊びで使う言葉

●右ききの人の標準的な表現方法を紹介しています。左ききの人は、左右の手を入れかえて表してもよいでしょう。

あって
左手を手前、右手を向かい側で人さし指を向き合わせ、こぶしを寄せ合う　★会う

●正面のイラストだけではわかりにくい場合、横から見た図などを補足しています。

●正しく手話を理解していただくために、「★」印でそこに使われている手話の意味を示しています。

「★」印がついていないところは…
・遊びに合わせた表現や身振り。
・人や場所を指さす仕草。
・歌のリズムに合わせて、身振りや表情を補足（アレンジ）してあるところ。

うれしい
手のひらを自分に向け、胸の前で交互に何度も上げ下げする
★うれしい、楽しい、喜ぶ

この表現には「うれしい」だけでなく「楽しい・喜ぶ」という意味もあります。

のマーク＝手話の由来やガイド

   ＝遊びの分類

game game **Part 1** game game game game game game game gam

手話ゲーム

おおぜいが自由に歩き回り、歌に合わせてバッタリ出会った人同士でジャンケンをします。ジャンケンで負けた人は、勝った人の後ろにつき、今度はその2人組でチームになり、ゲームを続けます。勝ち続けると、どんどん後ろに長い列ができ、最後は一列になります。

歌に合わせて手話をし、出会った人同士でジャンケンをします。

♪　　ばったり　　　　　であって　　　　　びっくら　　　　　こいたね

人さし指を前後で向き合わせる　　上に動かしながら顔の前でこぶしを寄せ合う　　手でボールをつかむようにして目にあて、その手を前に出す（驚いて目玉が飛び出す様子）　★びっくりする、驚く

そんなら　ついでに　　　ジャンケンポン

かまえてから、出会った相手とジャンケンをする

「びっくり」には
こんな手話もあります

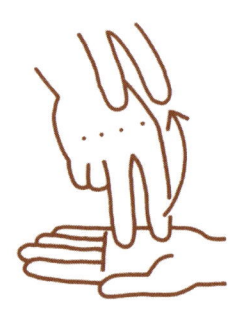

左手のひらにチョキにした右手をあてて、上に上げる（驚いて飛び上がる様子）　★びっくりする、驚く

遊び方1　負けた人が勝った人の後ろにつく遊び方（動作は全員で行い、ジャンケンは先頭の人だけ）。

遊び方2
負けた人はハイハイをして移動し、
新しい人とジャンケンをします。
勝ったら立ち上がることができます。

詞・曲／新沢としひこ

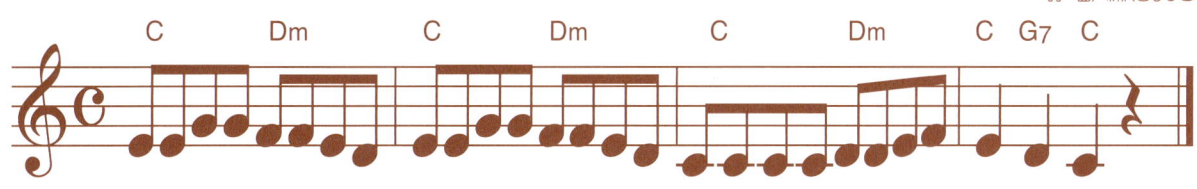

ばったりであって　びっくらこいたね　そんならついでに　ジャンケン ポン

©ASK MUSIC Co.,Ltd.

ホー
お天気表現いろいろ

お天気の遊び歌です。リーダーのまねをしていくだけなので、とってもかんたん。「ホー」という手話表現がおもしろいですね。なれてきたら、テンポアップ！ でも最後の「ホー」のところだけは、もとのゆっくりなテンポにしましょう。表情も大切に。どんなに激しい天気でも、最後は「ホー」となるのでした。

年少から遊べる

「みんな 嵐が近づいてきたよ！」
え～～～ たいへん

♪ **リーダー** あめ　あめ　　　**みんな** ザンザカ　ザンザカ

指先を下に向け、両手一緒に上げ下げする
★雨、雨が降る

みんなでリーダーのまねをする

リーダー かぜ　かぜ　　　**みんな** ピュー　ピュー

両手のひらで風を送る　★風、風が吹く

みんなでリーダーのまねをする

リーダー　カミナリ　　みんな　ゴロゴロ　　リーダー　はれたよ

人さし指でイナズマを描く
★カミナリ

みんなでリーダーのまねをする

手のひらを外向きに、上を向いた顔の前で
合わせた両手を、大きく左右に開く ★晴れ

全員で　ホー

中指と人さし指を少し曲げ、鼻の下からおろす。（鼻から息が抜ける様子） ★ほっとする

バリエーション

「ホー」のところをこんな身振りにかえてもいいよ。

リーダーは、速く、ゆっくり、はげしく、おとなしく、大きく、小さくなど、いろいろなバリエーションでリードしましょう。

詞・曲／新沢としひこ

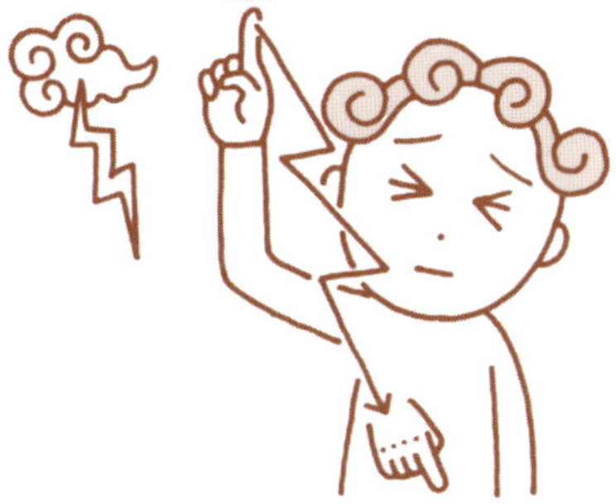

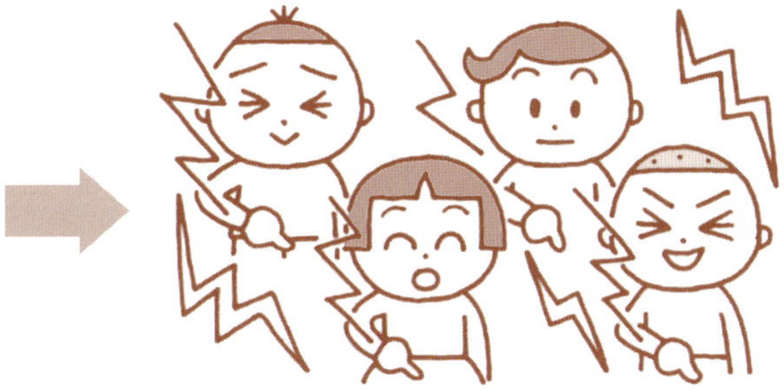

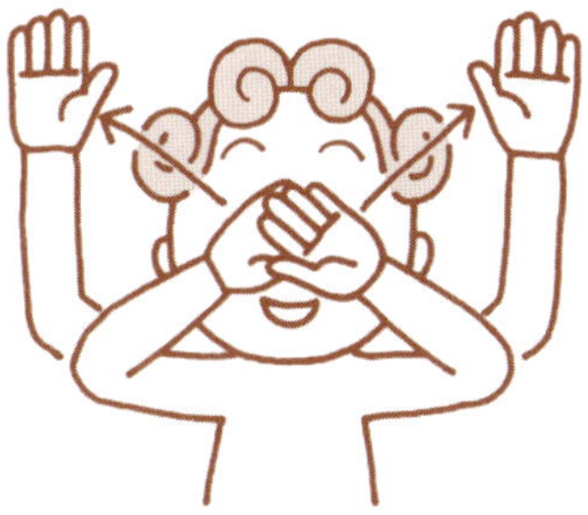

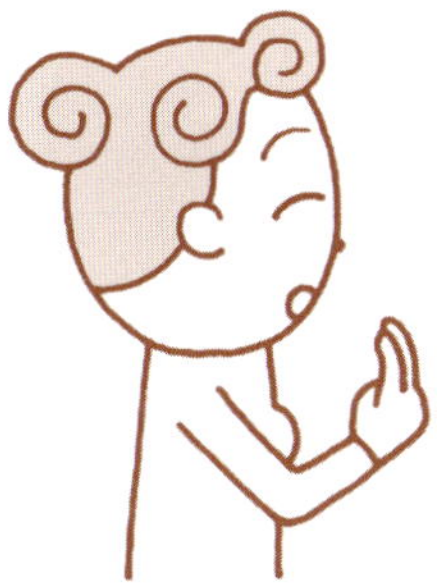

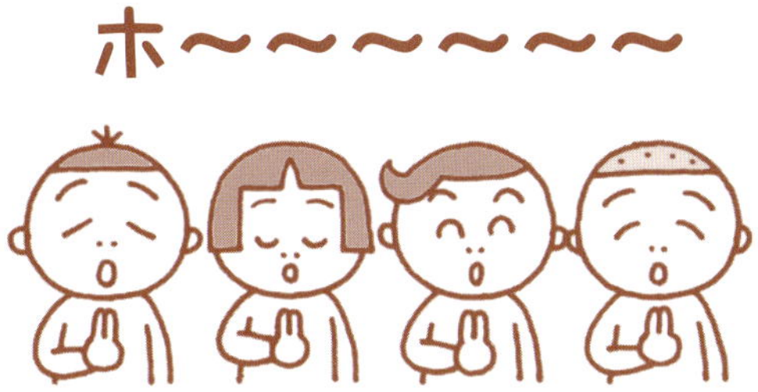

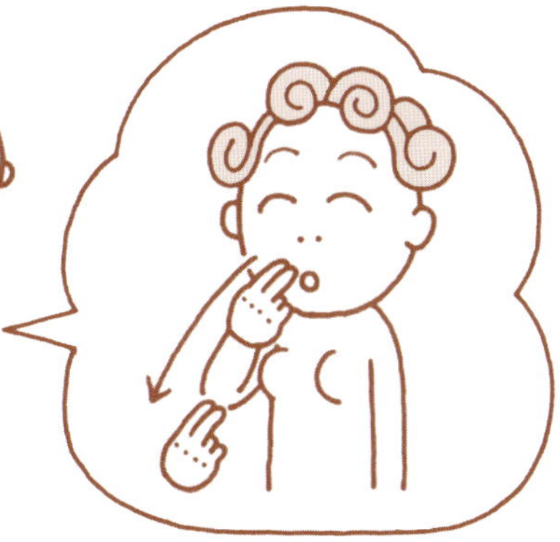

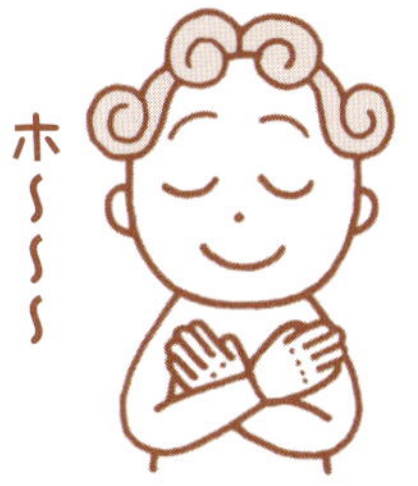

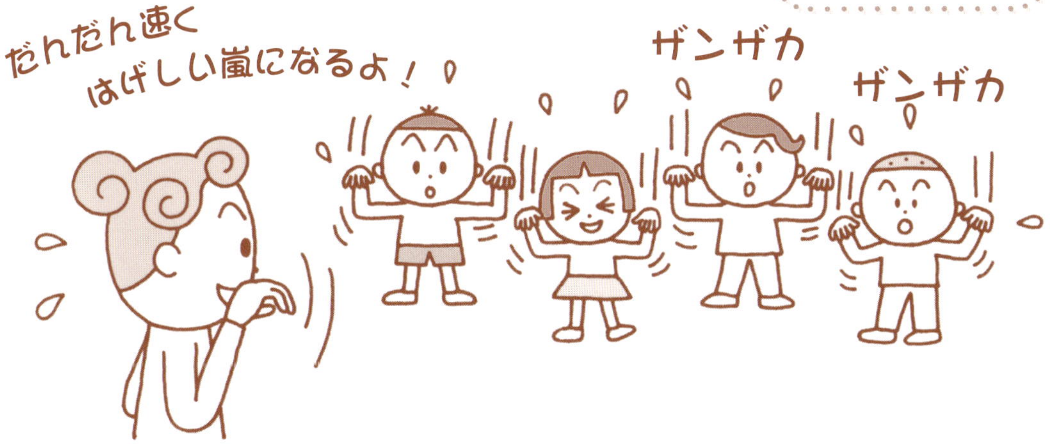

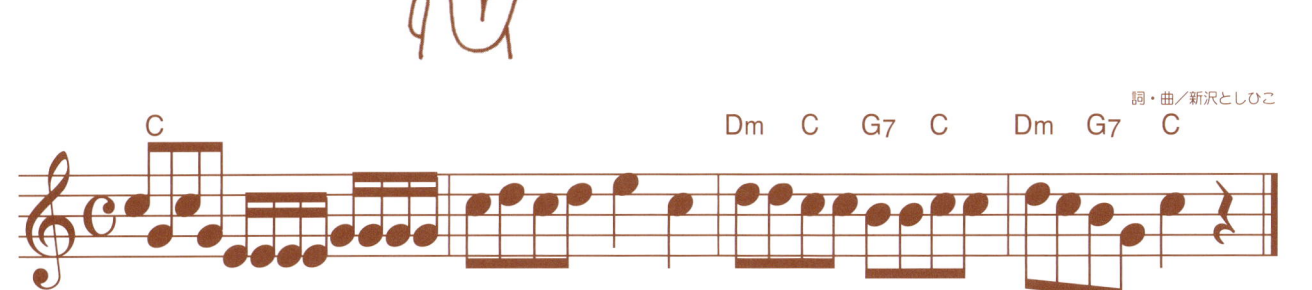

だれかに あったら こんにちは
みんなとあいさつ

たくさんの人とあいさつができるコミュニケーションゲームです。はじめての集まりで交流を深めたり、緊張をほぐすのに最適ですね。次々相手をかえて、いろいろな人とあいさつをしていきます。
何となくあいさつをするのではなく、相手をしっかり見て、ちゃんとコミュニケーションをとりましょう。

みんなで部屋中を歩き回って、出会った人とごあいさつ！

♪ トコトコトコトコ　あるいて　　　　　　　　　　いたの

部屋中を歩き回る　　　　　　　　　　相手をみつけて立ち止まる

| だれかに　あったら | こんにちは |

向き合って「あう」の手話

「あいさつ」の手話と同時におじぎをする

★あう（会う）
人さし指を前後で向き合わせ、こぶしを寄せ合う

★あいさつ
向かい合わせた人さし指を同時に曲げる

ここでは「こんにちは」に「あいさつ」という手話を使いました。「おはよう」「こんばんは」もこの手話で表すことができます。あいさつをする時の手話にはp.14のような表現もあります。

だれかにあったらこんにちは

♪ワイワイワイワイ あそんだあとは のところを「おやつ」や「おすもう」にかえて遊んでみましょう。

♪ パクパクパクパク おやつをたべて

★おかし、おかし（おやつ）をたべる

親指と人さし指でお菓子をつまんだ手の形を作り、口元で前後に動かす

♪ ドスコイドスコイ おすもうしたら

★すもう

手のひらを上にしてこぶしを作り、交互に足のつけねのあたりを叩く

♪こんにちは のところをかえて遊んでみましょう。

★おはよう　あさ ＋ あいさつ
こめかみにあてたこぶしを引くとともに顔を起こす　★朝、起きる
向かい合わせた人さし指を、同時に曲げる

★こんにちは　ひる ＋ あいさつ
人さし指と中指を立て、額の真ん中にあてる　★昼

★こんばんは　よる ＋ あいさつ
開いた手を胸の前で重ね合わせる（手のひらは外向きに）　★夜、暗い

いちばんのりはだれでしょう
あてっこゲーム

コアラかパンダかペンギンか、リーダーがするポーズをあてるゲームです。最後まであて続けた人がチャンピオン。
リーダーの動きをよく見ていると、何を表しているかがわかりますよ。なれてきたらリーダーとは違うポーズをするというルールに変えてみましょう。こっちの方がグッとむずかしくなります。
おおぜいでやると盛り上がりますね。

年少から遊べる

遊び方1（年少〜） コアラかパンダかペンギンか？ リーダーのポーズをまねっこしましょう。

♪ | コアラ | パンダ | ペンギン | かけてきて

- 木につかまるポーズ ★コアラ
- 指を軽く曲げて目にあて、顔の模様を作る ★パンダ
- 手のひらを地面に向け、体の両脇につける ★ペンギン
- 走る身振り

いち | ばん | のりは

- 「いち」で人さし指をのばして肩にあて、「ばん」でその手を少し前に出す ★一番
- 手を上げる

「一番」の手話は、かけっこのゴールインで、テープを切る様子からできたといわれています。

だれ | でしょう

- 指の甲側で頬をなでる ★だれ
- 首をかしげる

あぐ！ たとえば…パンダ！

リーダーはうたい終わったらすぐ、「コアラ」か「パンダ」か「ペンギン」のポーズをして、みんなはそれをまねします。

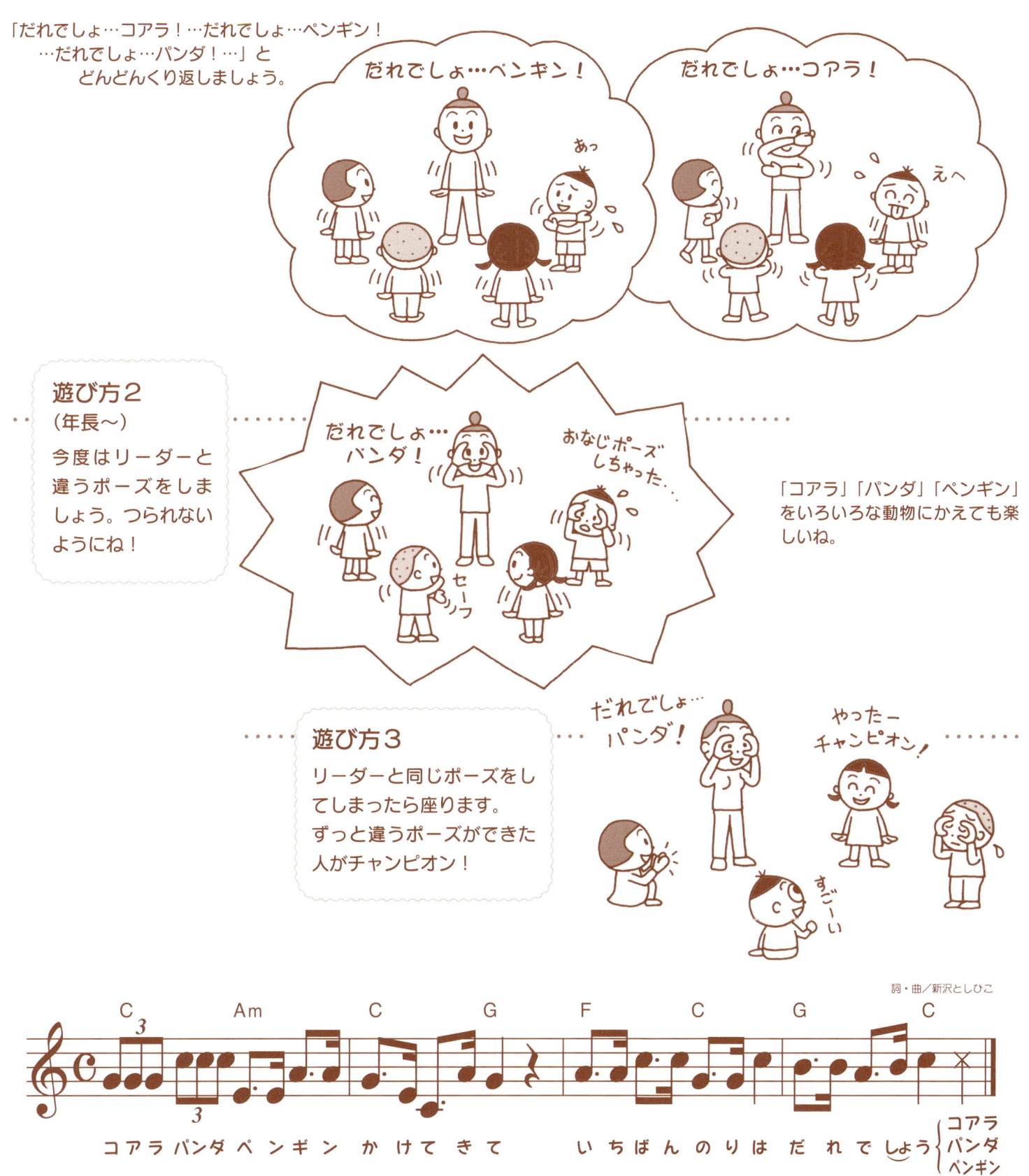

家族が出てくる遊び歌です。「おかあさん」「おとうさん」「おねえさん」「おにいさん」など、よく使う手話ですからおぼえてみましょう。

「ふとった」「きれいな」などの形容する表現も出てきます。これらをおぼえると、手話での会話がぐっと豊かになりますね。歌詞には出てこなくても、新しくおぼえた表現をとり入れて、いろいろかえ歌をして遊んでみましょう。

♪ あかいやねの　　おうち　　すんでいるのは　　だあれ

人さし指で下くちびるをなぞるように、左から右に移動させる　★赤

両手で屋根を作る　★家

手のひらを顔に向けて、こぶしを握り、そのままの形でひじを下におろす　★居る

右手の甲を右頬にあて、頬をなでながら手のひらを前に差し出す　★だれ

※とってもとってもとってもとっても　ふとった　　おとうさん

両手を左右に広げていき、太っている様子を表す

人さし指で頬をなで、親指を立てて上へ　★父

詞・曲／新沢としひこ

© ASK MUSIC Co.,Ltd.

🎵 ※とってもとっても〜ふとった〜 のところをかえて遊んでみましょう。

「とっても」という手話を使っていないのが、この遊びのポイントです。手話の動きを工夫して、どのくらい太っているのか、どのくらいきれいなのか、などを表現しています。

※とってもとってもとってもとっても　きれいな　　　おかあさん

左手のひらにのせた右手を、ゆっくりと水平にスライドさせていく　★きれい、美しい

人さし指で頬をなで、小指を立てて上へ　★母

※とってもとっても　　とってもとっても　　つよーい　　おねえさん

右腕を振り上げる

左腕も振り上げる

両手を上下に動かす

小指を立てて上へ　★姉

※とってもとってもとってもとっても　のっぽの　　おにいさん

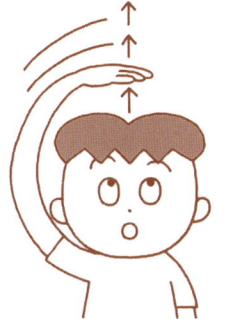
手をズンズン上げて、背がのびる様子を表す

中指を立てて上へ　★兄

※とってもとってもとってもとっても　かわいい　　あかちゃん

手のひらで子どもの頭をなでる仕草　★かわいい

手のひらを相手に向けて左右に振る　★赤ちゃん

※とってもとってもとってもとっても　たのしい　　かぞく

手のひらを自分に向け、胸の前で交互に何度も上げ下げする　★うれしい、楽しい、喜ぶ

両手で屋根を作ってから、左手だけ残して、その下で小指と親指を立てた右手をヒラヒラしながら右に移動させる　★家族

「※」印の手話の組み合わせをかえて「ふとったあかちゃん」「つよいおとうさん」にしたり、「のっぽのコアラ」のように違う手話を加えたりして遊んでみましょう（次ページ参照）。

あかいやねのおうち

手話のバリエーション

🎵〜ふとった おとうさん のところを「やさしい いもうと」などにかえてみましょう。

★がんばる・げんき

両手を握ってひじをはり、胸の高さから2回位、力強くおろす

★すばらしい

こぶしを鼻の前から右横（上）にのばしていく（こぶしは鼻にあてない）

★やさしい

胸の前で両手を向き合わせ、パクパクさせながら左右に開いていく（手は閉じない）

★いもうと

小指を立てて下へ

★おとうと

中指を立てて下へ

★ともだち

両手を胸の前で組む
※組んだ手を回すとおおぜいの友だちを表します。(p.45参照)

★おばあちゃん

立てた小指をちょっと曲げ、弧を描いて進む

★おじいちゃん

立てた親指をちょっと曲げ、弧を描いて進む

🎵 あかいやねの のところを「あおい やね」などにかえてみましょう。

★あお

あごから耳の下まで、指先でなで上げる

★きいろ

額に親指をあて、人さし指を振る

★みどり・くさ

おなかの前で両手を上向きに指を立て、交互に上げ下げしながら左右に広げていく

★むらさき

人さし指と親指を立て、人さし指でくちびるをなぞるように左から右へ移動させる

★くろ

頭の横をなでる仕草

★しろ

人さし指で、口（歯）の前をなぞるように、右から左へ移動させる

お楽しみ会でやってみよう！

🎵とってもとっても…つよ～いおねえさん

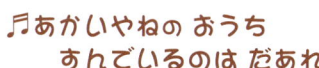
🎵あかいやねの おうち すんでいるのは だあれ

🎵あかいやねの～だあれ
までみんなでうたい、役になった子が1人ずつ登場します。

手話を使ってストレッチです。「竹」という単語を表す手話は、連続性のあるおもしろい動きをしています。そこを利用して、どんどん竹が成長していく様を、歌にしてみました。
体をグーンとのばして、日頃縮まったすじをのばしてみましょう。右に左に、前に後ろに、まんべんなくのばすと、なんと体のむくみもとれてすっきりしますよ!

年少から遊べる

この手話は、タケノコの皮が重なりながら上にのびていく様子を表したといわれています。

「竹」「もっと」の手話をくり返しながら遊びます。

♪ タケタケのびろ　タケのびろ
　　ひぐれになるまで　タケのびろ

タケタケもどれ　タケもどれ
ひぐれになるまで　タケもどれ

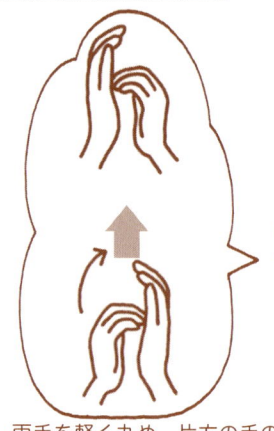

もどるよ！

両手を軽く丸め、片方の手のひらに、もう片方の指先を交互にあてる　★竹

「竹」の手話を上に向って交互にくり返していく

手を交互に下げながら「竹」の手話をおろし、膝を曲げてしゃがむ

もっともっとのびろ　もっとのびろ
いちばんぼしまで　もっとのびろ

もっともっともどれ　もっともどれ
いちばんぼしまで　もっともどれ

もどるよ！

左右の手の親指と人さし指を上の絵のように重ね、さらに下の手を上に重ねる　★もっと、〜よりも

「もっと」の手話を上に向って交互にくり返していく

手を交互に下げながら「もっと」の手話をおろし、膝を曲げてしゃがむ

横にのびたり、前にのびたり、みんなでストレッチしよう！

わきを のばす

こしが のびる

詞・曲／新沢としひこ

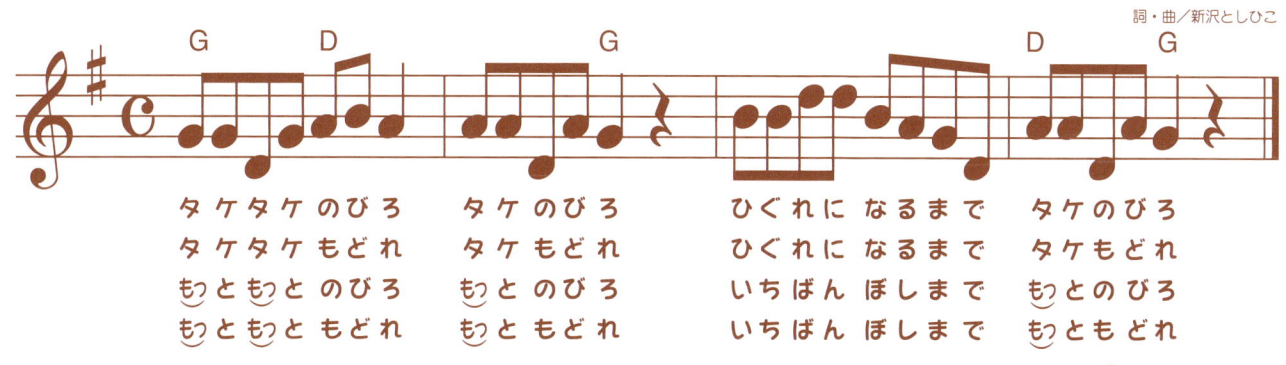

タケタケ のびろ　　タケ のびろ　　ひぐれに なるまで　　タケ のびろ
タケタケ もどれ　　タケ もどれ　　ひぐれに なるまで　　タケ もどれ
もっともっと のびろ　　もっと のびろ　　いちばん ぼしまで　　もっと のびろ
もっともっと もどれ　　もっと もどれ　　いちばん ぼしまで　　もっと もどれ

©ASK MUSIC Co.,Ltd.

最初は追いかけ歌になっています。リーダーのまねをしましょう。「いつ」「だれが」「何をした」という日常会話でもよく使う表現がすぐにおぼえられますね。
まねっこになれたら、会話形式に挑戦！ リーダーが「いつ」とうたったら、前にやった手話を思い出して「きのう」などと次々答えて遊びます。

Step1　はじめはリーダーの後について同じ手話をします（A-B）。

※Bは、いろいろかえてみましょう（バリエーションはp.26-27参照）。

いつだれがなにをした

Bのバリエーション

B   きょう（きょう）　　　　 ママが（ママが）　　　　 ショッピング（ショッピング）

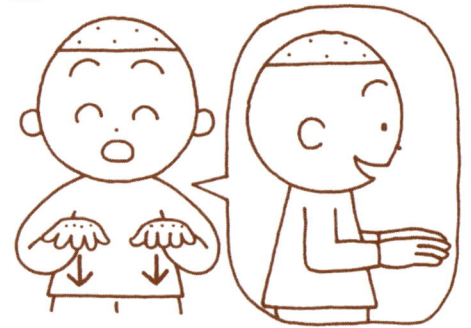  

両手のひらを下に向け、おなかの前に水平にポンと置く　★今日、今、現在

人さし指で頬をなで、小指を立てて上へ　★母

左手のひらに右手のOKマーク（お金）を立ててのせ、2、3度前に動かす　★ショッピング、お金を使う、買い物

B あした（あした）　　　　ぼくが（ぼくが）　　　　スイミング（スイミング）

人さし指を、顔の横から前へ出す　★明日

自分を指さす　★私、ぼく

人さし指と中指を足のように動かしながら左から右へ移動させる　★スイミング、水泳、泳ぐ

B きのう（きのう）　　　　 パパが（パパが）　　　　つりをした（つりをした）

 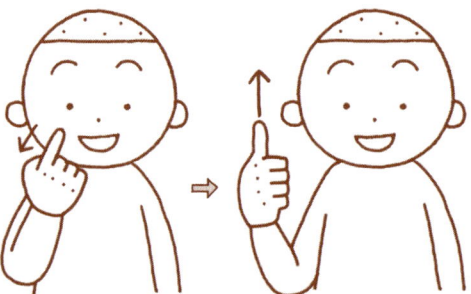 

顔の横に立てた人さし指で、肩ごしに後ろを指さす

人さし指で頬をなで、親指を立てて上へ

両手の人さし指を立て、片方の人さし指を握り、魚を釣り上げるようにする　★釣り

B　きょう（きょう）　ママが（ママが）　えをかいた（えをかいた）

左手のひらに、右手の甲を2、3度すべらせる　★絵、絵を描く

B　あした（あした）　わたしが（わたしが）　ほんをよむ（ほんをよむ）

胸の前で合わせた両手を本のように開く　★本

左手はそのままで、右手をチョキの形にして、行を追うように上下に動かす　★読む、読書

 横書きの本を読む表現をする時は、行を追うように右手を左右に動かします。

ふたつ みっつ
反対語をおぼえよう

リーダーのまねをして、かんたんな手話表現をくり返していくだけのシンプルな遊びです。リーダーが「♪〜ふたつ」「♪〜みっつ」などと、うたった数だけ単語をくり返します。かんたんな言葉でも、くり返すだけで楽しくなるのでした。
なれてきたら「♪おいしいねと むっつ」などと、数をふやしてみたりすると、さらに楽しいです。

年少から遊べる

手話のバリエーション

🎵 きれいだねと…　　　きたないねと…

左手のひらにのせた右手を、ゆっくりと水平にスライドさせていく　★きれい、美しい

右手の指を全部曲げて、左手のひらに２、３回のせる　★汚い、ゴミ

じょうずだねと…　　　へたなんだと…

右手のひらを左手のひじの下あたりから前にすべらせる（左手は下向き）　★上手

左手の甲からひじに向かって右手のひらをはね上げる　★下手

わかるよねと…　　　わからないと…

胸にあてた手のひらを下へすべらせる　★わかる、知る

肩にあてた指先を、上に払う　★わからない、知らない

すばらしいと…　　　わるいと…

こぶしを鼻の前から右横（上）にのばしていく（こぶしは鼻にあてない）　★すばらしい

鼻を折るように、人さし指を鼻の前で倒す　★悪い

このゲームで使う手話は、同じ語源を持つ反対語です。例えば、「きたない」は、手のひらにゴミがのっている様子を表しています。「きれい」は、そのゴミがない様子です。

詞・曲／新沢としひこ

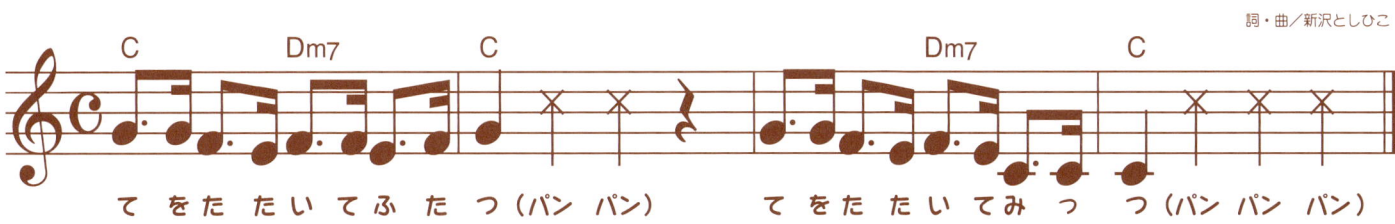

て を たたいて ふたつ（パン パン）
あしぶみして ふたつ（ドン ドン）
おいしいねと ふたつ（おいしい おいしい）
まーずいねと ふたつ（まずい まずい）

て を たたいて みっつ（パン パン パン）
あしぶみして みっつ（ドン ドン ドン）
おいしいねと みっつ（おいしい おいしい おいしい）
まーずいねと みっつ（まずい まずい まずい）

© ASK MUSIC Co.,Ltd.

うるかい かうかい
商談成立？

2人組で遊んで、手話でのやりとりの感覚を味わってみましょう。「売る」「買う」というのは、反対の言葉。手話でも、動作がちょうど逆になります。それがちょっとまぎらわしくて、まちがえやすくて、むずかしいんですね。
どちらかを出し合って、最後に「売る」と「買う」の組み合わせになったら商談成立！

年長から遊べる

★うる 「売る」は、物を渡してお金を受けとる様子

左手（手のひらを上に）を前に出し、OKマーク（右手）を手前に引く

★かう 「買う」は、お金を出して物を受けとる様子

右手のOKマークを前に出し、左手（手のひらを上に）を手前に引く

※OKマークはお金を表す手の形です。　※左ききの子は手が反対でもかまいません。

手話「売る」と「買う」をおぼえたら、さぁゲームをはじめよう！

詞・曲／新沢としひこ

| C | F | C | F | C | F | G7 | C |

①うるかい ②かうかい　①うるかい ②かうかい　①うるかい ②かうかい　③どっちだ｛うる／かう

あげよか もらおか　あげよか もらおか　あげよか もらおか　どっちだ｛あげる／もらう

かけるよ かけてよ　かけるよ かけてよ　かけるよ かけてよ　どっちだ｛かける／かけて

©ASK MUSIC Co.,Ltd.

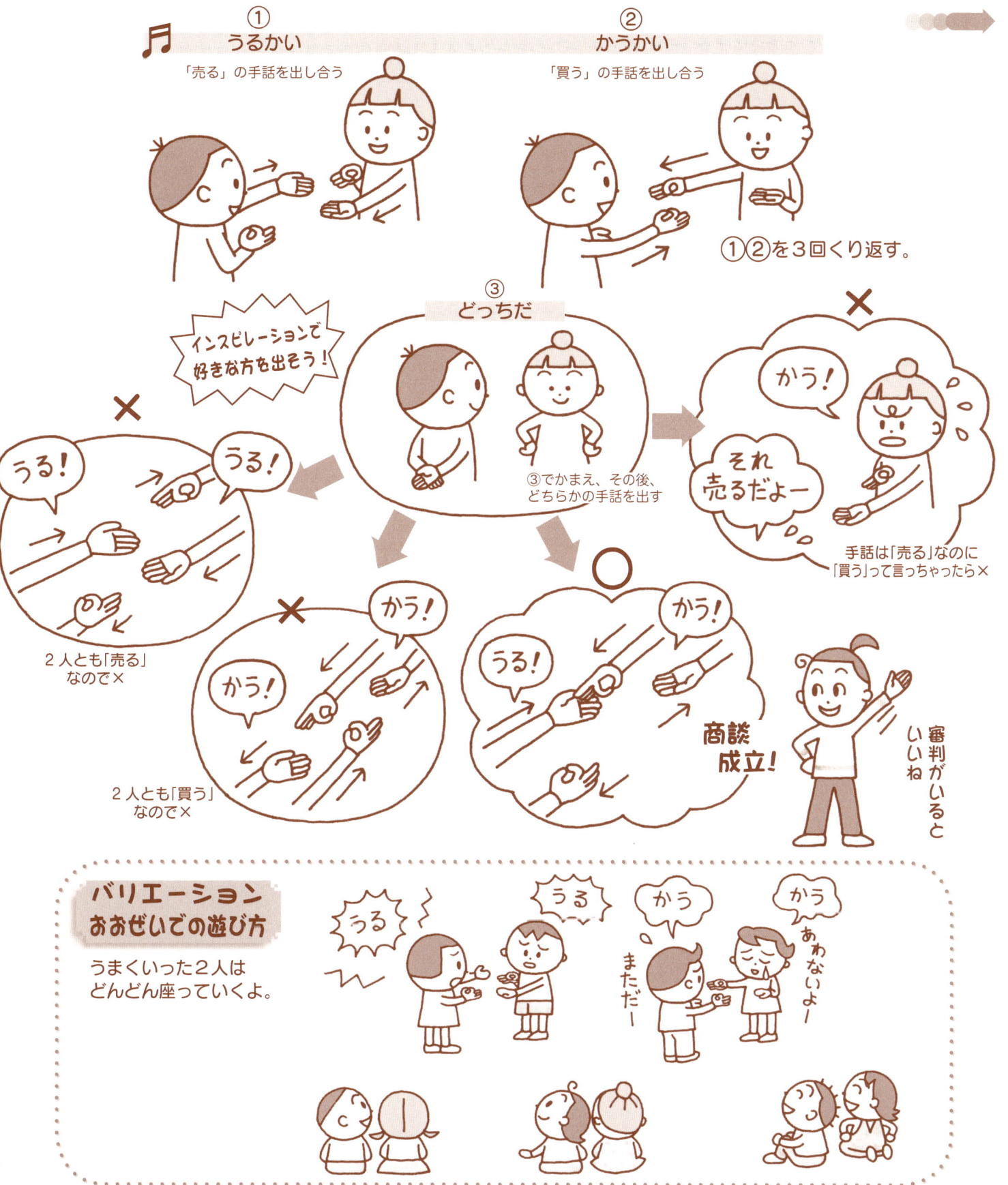

次は電話を
かけるよ ☎

★電話

この手の形
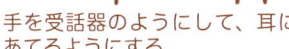

手を受話器のようにして、耳に
あてるようにする

★電話をかける

「電話」の手を相手に差し出す

電話をかける人から相手に向けて手話を動かすと、「電話をかける」という手話になります。

♪ ① かけるよ

「電話」の手を相手に差し出す

② かけてよ

「電話」の手を耳元に引き寄せる

①②を
3回くり返す。

③ どっちだ

③でかまえ、その後、
どちらかの手話を出す

○ かけて！ かける！

× かける！ かける！

手話には日本語の助詞にあたる言葉がありません。そのかわりに手の動く方向で「だれがだれに〜した」ということを表現します。体の向き、手の動く方向や角度で、背の高さ、立場の上下、その人のいる位置なども同時に表すことができます。

シンプルな意味あて（名前あて）手話クイズです。手話は目で見る言葉ですから、よく見ていると何を表しているのかがわかったりします。
なかなかあたらない時はヒントを出していきましょう。

♪ じゃんかじゃんかじゃんかじゃんか　これは　　　　なぁに？

あてられなかったら
♪ガタゴトガタゴト これはなぁに？
♪みんなが乗る物これはなぁに？
などと、ヒントを出しましょう。

左手の人さし指と中指をのばし、その下に右手の人さし指と中指を折り曲げてあて、左手の指先の方向に右手だけすべらせていく　★電車

人さし指を左右に振る　★何

手話のバリエーション

★せんたくき・せんたく

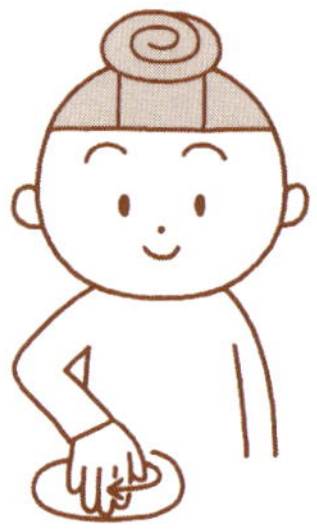

指先を下にして手のひらを回す

★れいぞうこ

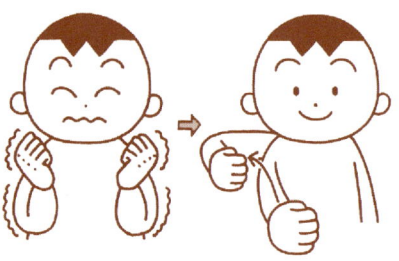

両腕をふるわせて寒いポーズをしてから、冷蔵庫の扉をあける仕草

★アイススケート

手のひらをスケート靴の刃のようにして斜め前に交互に動かす

★スキー

人さし指をカギのように曲げ、左右一緒に前に出す

★イヤリング

親指と人さし指で耳たぶをつまむ

★ゆびわ・ほうせき

下に向けた左手の甲に右手の甲をあて、右手の五指をパッパッと開く（宝石が光る様子）

★じどうしゃ・ドライブ
車のハンドルを握り、運転するように交互に上げ下げする

★じてんしゃ・サイクリング
自転車のペダルをこぐように、左右の手を交互に前に回す

★バス
人さし指と親指を立てて、胸の前で人さし指を向き合わせ、両手一緒に前に押し出していく

★オートバイ
こぶしを握って両ひじをはり、右手首を回してエンジンをふかすようにする

★しんかんせん
自分の顔に向けて五本指を開き、前方へのばしていく

★ロケット
人さし指を立てて握った左手の下に、右手の甲をつけて、右手をパッパッと開きながら左手は左上に高く、右手は右下へ切り離していく

★ひこうき
人さし指、中指、薬指を曲げ、親指と小指を開いて飛行機を作り、体の横から斜め上に飛ばしていく

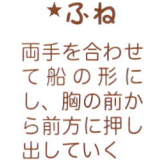

★ふね
両手を合わせて船の形にし、胸の前から前方に押し出していく

動物などわかりやすい手話を、ほかのページから探してみましょう。
新しいゲームに進む前に、この遊びで手話をおぼえるのも楽しいですね。

詞・曲／新沢としひこ

じゃん か じゃん か じゃん か じゃん か これ は な あ に

© ASK MUSIC Co.,Ltd.

みんなでいこうハイキング　記憶力ゲーム

いろいろな動物が一緒にハイキングに行くという、お話仕立てになった遊び歌です。だんだん登場人物がふえて、忙しく、むずかしくなっていきますよ。他の遊びでおぼえた手話も使って、自由に遊んでみましょう。リーダーはミュージカルでも演じているように、遊び心、芝居心を発揮して楽しんでみてください。なれてきたらラップ調でテンポアップしてみましょう。

年長から遊べる

リーダーのまねをしながら、1つずつ動物の手話をプラスさせていくよ。順番をまちがえないでね！

セリフ1
これからハイキングに行くよ！みんな元気にイェー！って言ってね。
リーダー　→　イェ～～～～～

じゃあ出発！

♪ みんなでいこうハイキング　　イェー　　　みどりのやまをハイキング　　イェー

左右の手を前後一列に並べ、そのまま前に（4回）進める　★行進・遠足・ハイキング

かまえたこぶしを、高く振り上げる

「みんなでいこうハイキング」と同じ

セリフ2
あっ！ むこうからウサギくんがやってきたよ。いっしょにハイキングに行こう！

じゃあ、みんなでウサギくんになってみよう

→ （みんなで）ピョン ピョン

手の甲を相手に向けて、顔の両側に腕を高く上げ、2回はずむようにひじを曲げる　★ウサギ

みんなでいこうハイキング　イェー　＋　ピョンピョン　　みどりのやまをハイキング　イェー　＋　ピョンピョン

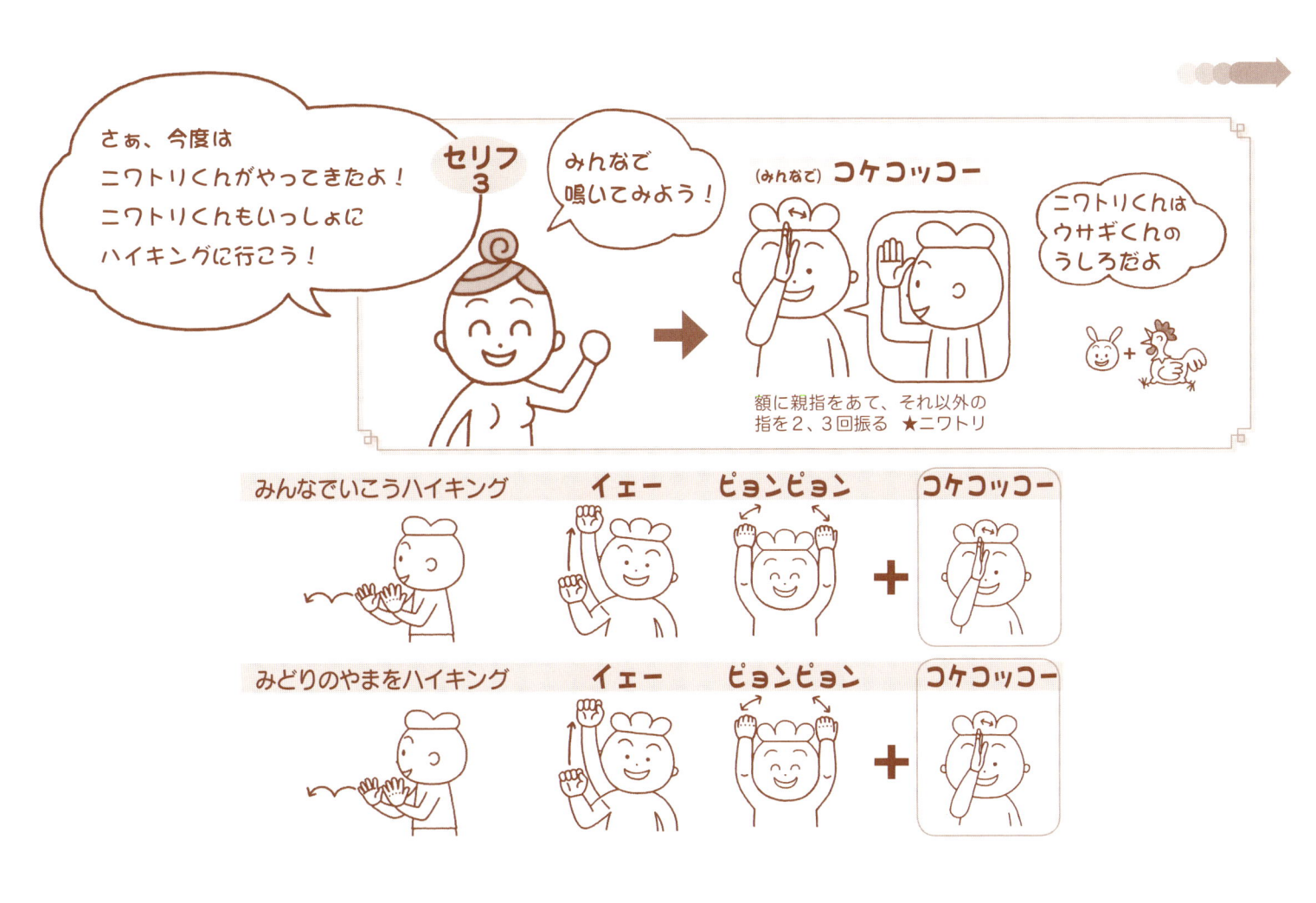

さぁ、今度は
ニワトリくんがやってきたよ！
ニワトリくんもいっしょに
ハイキングに行こう！

セリフ 3

みんなで
鳴いてみよう！

(みんなで) コケコッコー

ニワトリくんは
ウサギくんの
うしろだよ

額に親指をあて、それ以外の
指を2、3回振る ★ニワトリ

| みんなでいこうハイキング | **イェー** | **ピョンピョン** | **コケコッコー** |
| みどりのやまをハイキング | **イェー** | **ピョンピョン** | **コケコッコー** |

詞・曲／新沢としひこ

セリフ1 みんなでい こー う ハイキング イェー! みどりのやまー を
ハ イ キング イェー! セリフ2 みんなでい こー う ハイキング イェー! ピョンピョン
み どりのやまー を ハイキング イェー! ピョンピョン セリフ3

© ASK MUSIC Co.,Ltd.

みんなでいこうハイキング

セリフ4

あっ、ブタくんがきた！
ブタくんもいっしょに
ハイキングに行こう！

さあみんな
いっしょに

(みんなで) ブーブー

左手で丸く鼻の形を作り、チョキにした右手の指先を鼻に向って動かす
★ブタ

ブタくんは
ニワトリくんの
うしろだよ

みんなでいこうハイキング	イェー	ピョンピョン	コケコッコー	ブーブー

みどりのやまをハイキング	イェー	ピョンピョン	コケコッコー	ブーブー

セリフ5

あそこにいるのは
ゴリラくんだ！
ゴリラくんもいっしょに
ハイキングに行こう！

胸を
たたくよー

(みんなで) ドンドン

両手のこぶしで交互に胸を叩く
★ゴリラ

ゴリラくんは
ブタくんの
うしろだよ

みんなでいこうハイキング	イェー	ピョンピョン	コケコッコー	ブーブー	ドンドン

みどりのやまをハイキング	イェー	ピョンピョン	コケコッコー	ブーブー	ドンドン

あら、びっくり
クモくんだ！
クモくんもいっしょに
ハイキングに行こう！

セリフ6

クモくんが歩くよー

(みんなで) クモクモ

両手を開いて親指を重ね、指をコチョコチョさせながら前方へ進める（クモがはうように） ★クモ

クモくんはゴリラくんのうしろだよ

みんなでいこうハイキング　　イェー　　ピョンピョン　　コケコッコー　　ブーブー　　ドンドン　　＋　クモクモ

みどりのやまをハイキング　　イェー　　ピョンピョン　　コケコッコー　　ブーブー　　ドンドン　　＋　クモクモ

とってもたのしいハイキング　　イェーーーーー

開いた両手を顔の横で左右にヒラヒラ振る

聞こえない人は手を叩く拍手のかわりに、手をヒラヒラさせて気持ちを表現します。

39

あなたとわたし
手合わせ遊び

「あなたに会ってうれしい！」というフレーズを、遊び歌にしました。自己紹介の気分で向かい合って、まずは手話での会話を体験してみましょう。
なれてきたら、手話の間に手拍子をはさみます。途端にむずかしくなりますよ。どんどんテンポアップしていくと、盛り上がります。

年長から遊べる

Step1 うたいながら、普通に手話をします。

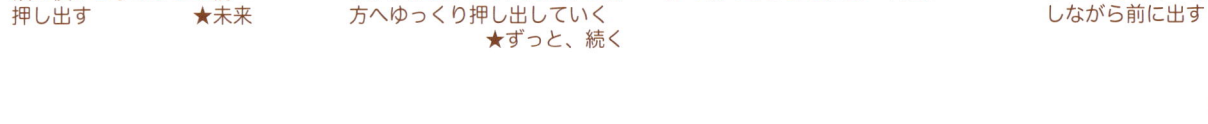

あなたに	あって	うれしい	わたし
相手を指さす ★あなた、きみ	左手を手前、右手を向かい側で人さし指を向き合わせ、こぶしを寄せ合う ★会う	手のひらを自分に向け、胸の前で交互に何度も上げ下げする ★うれしい、楽しい、喜ぶ	自分を指さす ★私、ぼく

これから	ずーっと	よろしく	ね
顔の横から手のひらを前へ押し出す ★未来	OKの輪をからめ、胸元から前方へゆっくり押し出していく ★ずっと、続く	鼻の前でこぶしを握る ★良い	手のひらを鼻の前に立て、おじぎをしながら前に出す ★お願い

詞・曲／新沢としひこ

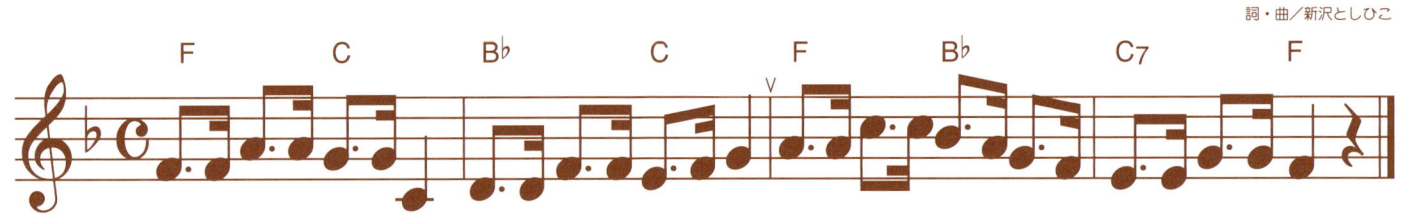

あなたにあって うれしいわたし これからずーっと よろしくね

©ASK MUSIC Co.,Ltd.

Step2 手拍子を1つ、手話の前に叩きます。
※手拍子を2回にふやすともっとむずかしいよ！

| あな | たに | あっ | て | うれ | しい | わた | し | これ | から | ずー | っと | よろ | しく | ね |

手拍子

Step3 手拍子を1つ、手話の後に叩きます。
※向かい合って1人がStep2を、もう1人が3をやるのもおもしろい！

| あな | たに | あっ | て | うれ | しい | わた | し | これ | から | ずー | っと | よろ | しく | ね |

手拍子

Step4 2人で向かい合い、手話の前に両手を合わせます。

| あな | たに | あっ | て | うれ | しい | わた | し | これ | から | ずー | っと | よろ | しく | ね |

手合わせ

手話のバリエーション

♪ うれしい のところをかえて、表情をつけて楽しみましょう。

★しあわせ 
あごにあてた手を、ひげをなでるように下に引いて閉じる（2回）

★くやしい 
両手の指を曲げ、胸の前で交互に何度も上げ下げする

★うらやましい 
口の端に人さし指をあてて、下に引く

★こまる（こまった） 
指を軽く曲げ、耳の上で前後に動かす

★はずかしい 
鼻の前で手を2、3度すぼめる

★かなしい 
両手の人さし指と親指で涙の形を作り、目の下にあて、クリクリさせながら下におろす

せきをかわってくれませんか
寸劇ゲーム

手話でやりとりをするおもしろさを体験してみましょう。イスを丸く並べて、みんな内側を向いて座ります。何人かが立って、輪の中を歩き、座っているだれかに「♪あの すいません」と手話でうたいかけます。うたいかけられた人は席をゆずって立ち、また別の座っているだれかにうたいかけます。

年長から遊べる

❶ ♪あの すいません / なんでしょう

❷ ♪せきを かわって

立っている人が、座っている人にうたいかける

❸ ♪くれませんか / いいですよ

❹ ♪ありがとう

座っている人が返事をしたら、席をかわる

5人で遊ぶ時は立っている人は1人、10人で遊ぶなら立っている人は2人、というように、全体の人数によって立っている人の数を適当に変えましょう。だんだん速くしてもおもしろいですね。2人だけでくり返して遊ぶのも楽しいです。

♪ **あの　すいません**　　　　　　　　　　　　　　　　　**なんでしょう**

よく使う言葉なので おぼえてね！
★ごめんなさい
・すみません

眉間を親指と人さし指で軽くつまむ　★迷惑

手のひらを鼻の前に立て、おじぎをしながら前に出す　★お願い

人さし指を左右に振り、「何？」という表情をする　★何

「迷惑」＋「お願い」

せきを　　かわって　　くれません　　か

人さし指を立てて手首を合わせ、位置を入れかえる　★代わる

小指を２、３度あごにあてる　★かまわない

手の甲を前に向けて、耳のところから前に差し出す　★尋ねる

いいですよ　　　　　**ありがとう**

「くれません」と同じ

左手の甲に右手を垂直にのせ、顔を起こすとともに、右手を顔の前に持ち上げる　★ありがとう

「せきをかわって」の手話は、人と人が入れかわる様子を表したものです。当番をかわったり、ブランコをかわったりする時にも使えます。

詞・曲／新沢としひこ

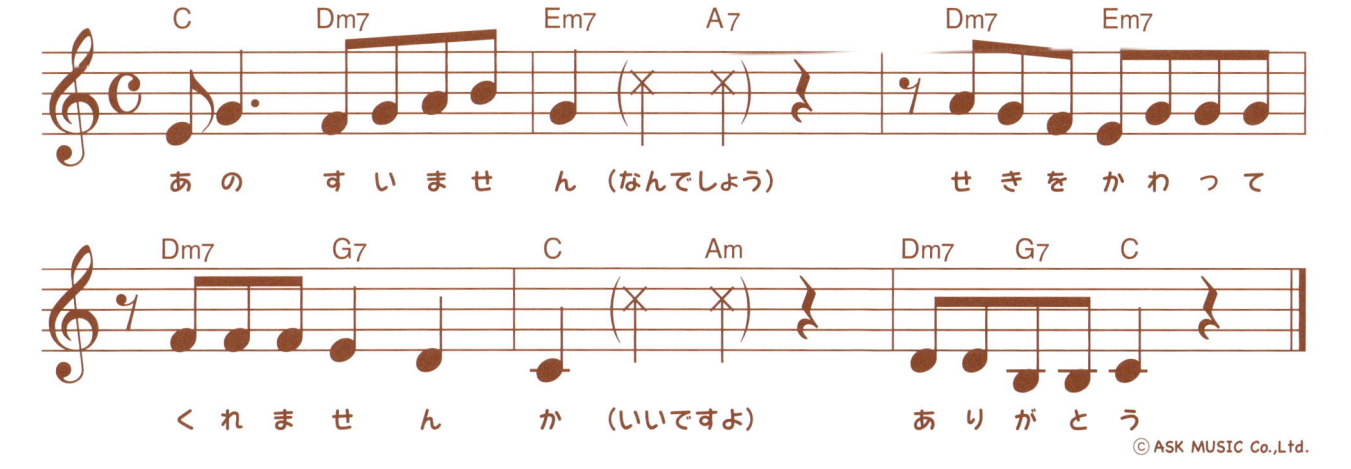

| C | Dm7 | Em7 | A7 | | Dm7 | Em7 |

あの　すいません　（なんでしょう）　せきをかわって

| Dm7 | G7 | C | Am | Dm7 | G7 | C |

くれません　か　（いいですよ）　ありがとう

©ASK MUSIC Co.,Ltd.

みんなで まねっこ遊び

リーダーのまねをしていく遊び歌です。追いかけてまねをすれば良いので、とってもかんたんですね。
遊んでいるうちに、いろいろな手話表現がどんどんおぼえられます。このページにのっていない他の単語でも、かえ歌ができますね。自由に遊んでうたってみてください。

年少から遊べる

> リーダーの後について、みんなそろって手話をくり返します。

♪
(リーダー) みんなで そうだん しよう **(みんな)** しよう **(リーダー)** みんなで そうだん しよう **(みんな)** しよう

親指を立て、両手のこぶしを何度かぶつけ合う ★相談、会議

みんなでリーダーと同じ手話をする

(リーダー) そうだんするのは たのしいな さあ **(全員)** みんなで そうだん しよう

リーダーもみんな一緒に同じ手話をくり返す

手話のバリエーション

♬ みんなでそうだんしよう のところをかえて遊んでみましょう。

みんなで たんけん しよう
OKの指を左から右へ、グルグルと回す ★探す

みんなで たいくつ しよう
大きくのびをする ★退屈

みんなで おやつをたべよう
親指と人さし指でお菓子をつまんだ手の形を作り、口元で前後に動かす
★お菓子、お菓子（おやつ）を食べる

みんなで ごはんをたべよう
左手のお茶碗からごはんを食べるような仕草 ★食べる、ごはん

みんなで おひるね しよう
両手のひらを合わせ、片頬にあてる ★寝る

みんなで なかよく しよう
胸の前で組んだ手を回す ★仲良し、友だち、仲間

※組んだ手を回すとおおぜいの友だちを表します。
p.20では手を回さない手話を紹介しています。

詞・曲／新沢としひこ

リーダー　　　　　　　　　　　みんな　　　リーダー　　　　　　　　　　　みんな
みんなでそうだん　しよう（しよう）　みんなでそうだん　しよう（しよう）

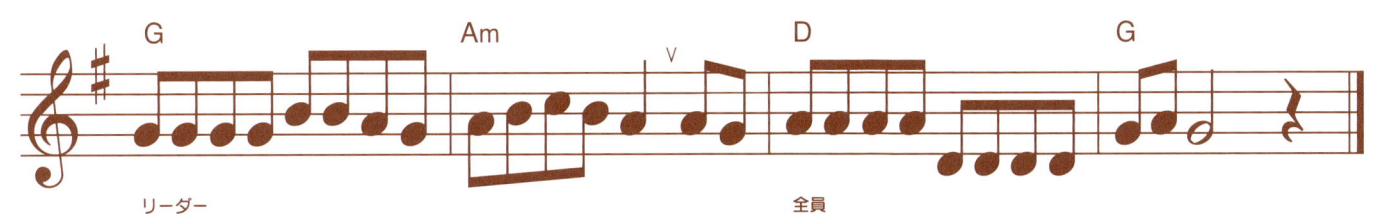

リーダー　　　　　　　　　　　　　　　　　　全員
そうだんするのは　たのしいな　さあ　みんなでそうだん　しよう

© ASK MUSIC Co.,Ltd.

このゆび なんになる
指1本でいろいろ

手話には1本の指だけでも表現できる単語がたくさんあります。
この歌では、人さし指を表情豊かに動かしてみましょう。
ほかのページにも「会う」「カミナリ」「怒る」など、たくさん例があります。探してみましょう。

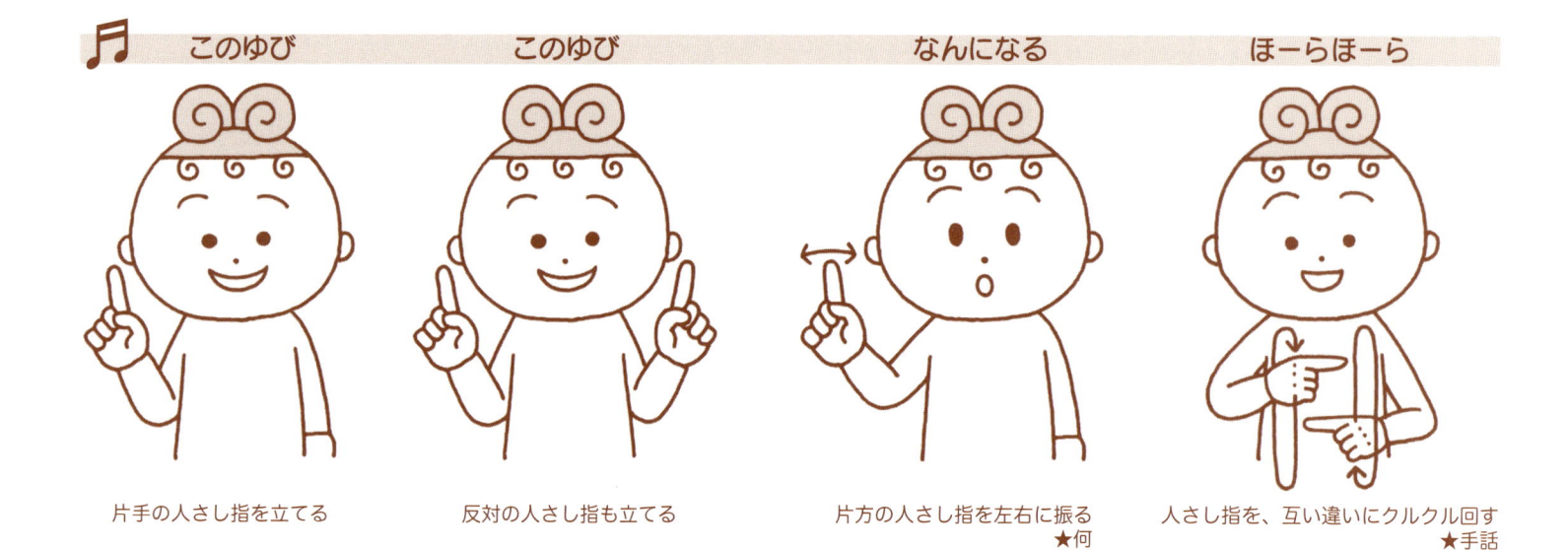

年少から遊べる

♪ このゆび　／　このゆび　／　なんになる　／　ほーらほーら

- 片手の人さし指を立てる
- 反対の人さし指も立てる
- 片方の人さし指を左右に振る　★何
- 人さし指を、互い違いにクルクル回す　★手話

あそび

人さし指を頭の横で交互に前後させる
★遊び、遊ぶ

手話のバリエーション

🎵 あそび のところをかえて遊んでみましょう。

★ かがく（科学）

人さし指を立てた腕を
クロスさせる

★ ふみきり

手の甲側を相手に向け、水平に
した人さし指を上げ下げする

★ うるさい

人さし指を耳に向け、手首をひねる

★ クリスマス

両手の人さし指を胸の前でクロス
させ、ひじの方向へ同時に引く

★ おしょうがつ

人さし指を上下に並べる
（一月一日を表す）

★ フェスティバル

人さし指を頭の横で
クルクル回す

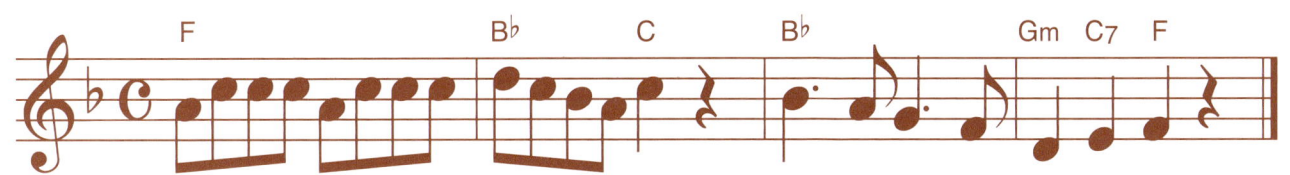

詞・曲／新沢としひこ

このゆびこのゆび　なんになる　　ほーらほーら　あそび

© ASK MUSIC Co.,Ltd.

わたしの なまえ
❀ 指文字で自己紹介

指文字は50音を指で表すものです。自分の名前を指文字で表現してみましょう。
自分の名前をおぼえたら1人ずつ自己紹介。みんなはそれを見ながらまねします。指文字を読みとる練習にもなりますね。

指文字表（p.56〜57）を、ご覧ください。

年長から遊べる

輪になって、1人ずつ立って自己紹介！

♩① あなたのなまえはなんですか？
♩② わたしのなまえは
♩③ 「ひとみ」です

名前の例

よ / う / す / け
じ（※濁音は、横に動かす）/ ゆ（※促音・撥音は手前に引く）/ ん / こ
ピ（※半濁音は上に上げる）/ エ / イ（※長音は人さし指で線を引く）/ ル
ジ（※濁音は、横に動かす）/ ヤ（※促音・撥音は手前に引く）/ ネ / ッ / ト

あ / き / こ
の / り / お
は / る / か
た / い / ち
ま / ゆ / み

指文字は普通、きき手で表します。
左手で表す場合の「の」「り」「ん」は、右手と左右対象に動かします。

みんな ♪	あなたの	なまえは	なんですか？
	自己紹介する人を指さす ★あなた、きみ	胸のあたりで左手のひらに右手の親指をあてる ★名前	人さし指を左右に振る ★何

自己紹介する人	わたしの	なまえは	（あ　き　こ）	です
	自分を指さす ★私、ぼく		自分の名前を指文字で表す ※あわてず、ゆっくりね！	「わたしの」と同じ

みんな	あなたの	なまえは	（あ　き　こ）	ですね
	自己紹介した人を指さす		自己紹介した人の指文字をまねする	「あなたの」と同じ

詞・曲／新沢としひこ

(みんなで) あ な た の　な ま え は　な ん で す か

(ひとりで) わ た し の　な ま え は　(あ　き　こ) で す

(みんなで) あ な た の　な ま え は　(あ　き　こ) で す ね

Ⓒ ASK MUSIC Co.,Ltd.

じゅんばんの うた
❀ 誕生日はいつ？

「♪たんじょうびじゅんにならぼう〜」とうたったら、右ページの数字の手話を使って生まれた順番に並びます。横1列でも、1年を輪にして並んでも良いです。ただし声を使わずにコミュニケーションをとるのがこのゲームのポイントなので、手話だけでなく、表情、身振り、目線、口の形など、フルに使って会話してみましょう。新鮮な体験ができると思います。

年長から遊べる

♪ たんじょうびじゅんに ならぼう たんたんたんたん たんじょうび

数字の手話を使って誕生日を教え合う

うたいながら順番に並ぶ

お誕生日の輪

横一列に並ぶ！

このほかに指文字（p.56〜57参照）を使って名前の「あいうえお」順に並んでみたり、「十二支」（p.65参照）や「星座」（p.67参照）のグループに分かれてみたりと、いろいろなバリエーションが考えられますね。

詞・曲／新沢としひこ

たんじょうびじゅんに ならぼう たんたんたんたん たんじょうび

© ASK MUSIC Co.,Ltd.

数の表し方

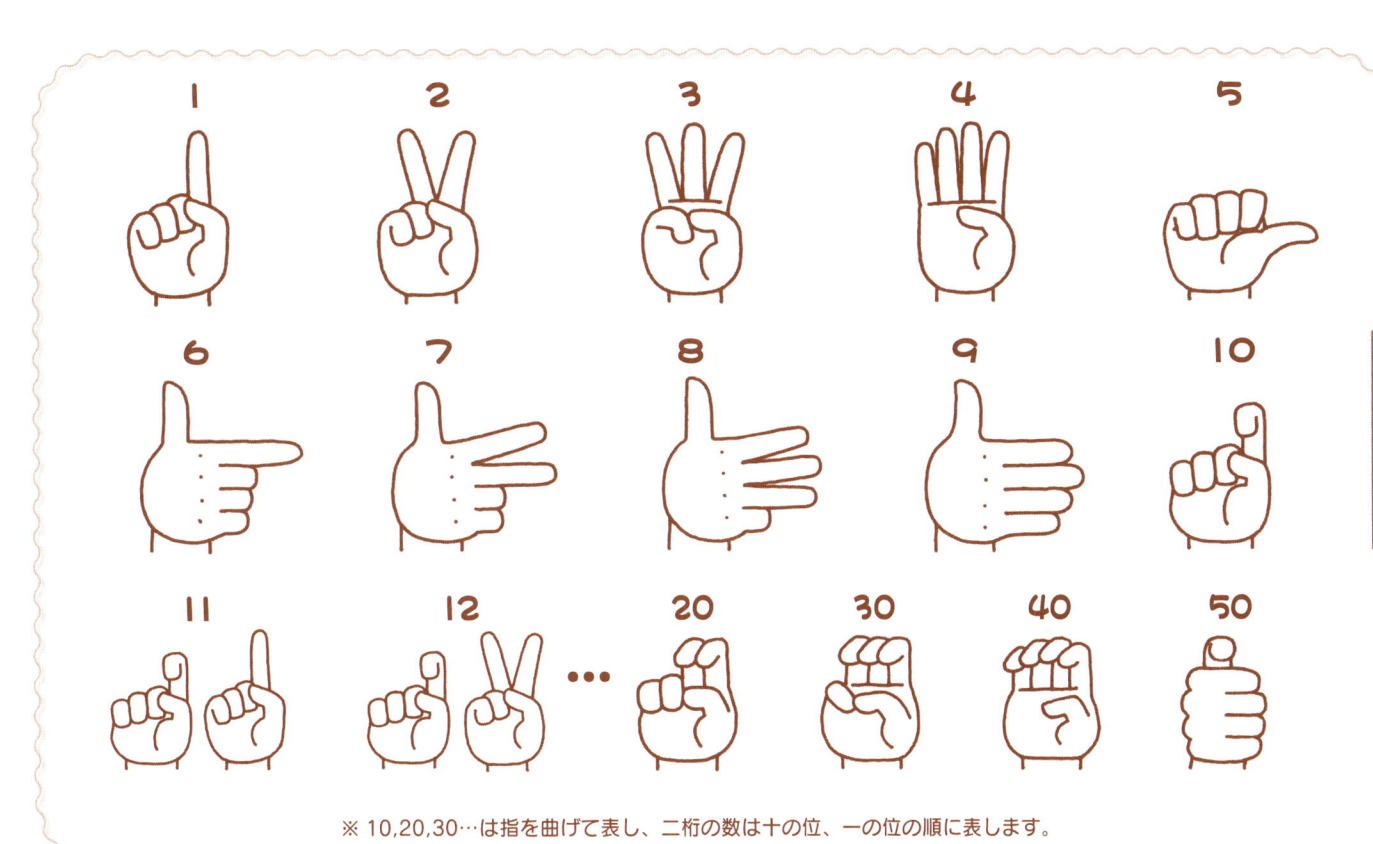

1	2	3	4	5
6	7	8	9	10
11	12	20	30	40	50

※ 10, 20, 30…は指を曲げて表し、二桁の数は十の位、一の位の順に表します。

日にちや誕生日の表し方

今日は — 両手のひらを下に、おなかの前に水平にポンと置く ★今日、今、現在

8月 — 左手で「8」を作り、右手の親指と人さし指で三日月の形を描く

6日です。 — 左手の「8」と右手の「6」を、たてに並べる

「〇月〇日」の「日」は手話では表現しません。

わたしは — 自分を指さす ★私、ぼく

7月 — 左手で「7」を作り、右手の親指と人さし指で三日月の形を描く

9日 — 左手の「7」と右手の「9」を、たてに並べる

生まれです。 — おなかに両手の小指側をあて、指先を下に向けながら斜め下に向って腕をのばす ★生まれる

51

わたしのあいさつ
❀ 表情豊かにこんにちは

表情豊かに「こんにちは」とあいさつしてみましょう。
ここに出てくる手話の単語はこれだけですが、手の動かし方や表情によって、幾通りにも表現できるのが、手話のおもしろさです。

年少から遊べる

🎵 こんにちは　　こんにちは　　わたしのあいさつ　　こんにちは

右は基本のあいさつです。目線とともに、頭も少し下げましょう。

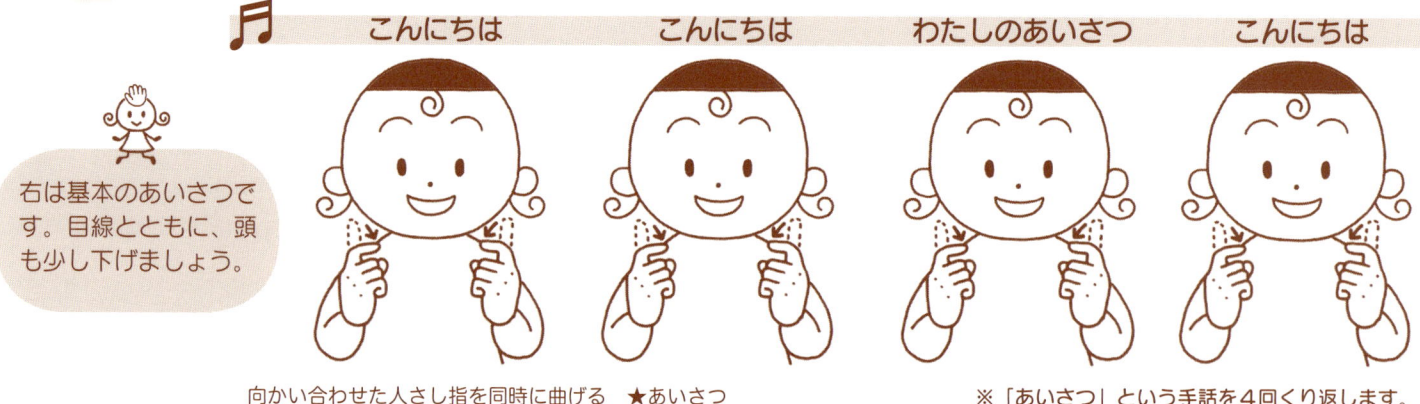

向かい合わせた人さし指を同時に曲げる　★あいさつ

※「あいさつ」という手話を4回くり返します。

表現のバリエーション　表情をつけて遊びましょう。

おおきいあいさつ　こんにちは 
腕を大きく広げて「あいさつ」の手話

ちいさいあいさつ　こんにちは 
体をすぼめて、できるだけ小さく「あいさつ」の手話

はやいあいさつ　こんにちは 
人さし指を速く動かして「あいさつ」の手話

おそいあいさつ　こんにちは 
人さし指をゆっくり動かして「あいさつ」の手話

うれしいあいさつ　こんにちは 
ニコニコしながら「あいさつ」の手話

かなしいあいさつ　こんにちは 
悲しい顔で「あいさつ」の手話

くやしいあいさつ　こんにちは

くやしい顔で「あいさつ」の手話

いばったあいさつ　こんにちは

いばった顔で「あいさつ」の手話

まじめなあいさつ　こんにちは

まじめな顔をして「あいさつ」の手話

こんどは
うれしいあいさつで
いくよー

　「あいさつ」という手話の人さし指は「人」を表しています。人と人が向かい合っておじぎをする日本の習慣を表したのがこの手話です。このように手話には人の仕草や身振りからできているものがたくさんあります。例えば、ごはんを「食べる」という手話は、お茶碗を持つ仕草とお箸を動かす仕草の両手を組み合わせたものです（P.45 参照）。

　手話は世界共通と思われがちですが、人の仕草や身振りはその国の文化や習慣によってさまざまなので手話も世界共通ではなく、それぞれの国や地域で独自の手話が使われています。

　日本人は、あいさつをする時におじぎをしますが、国によっては握手をしたり、抱き合ったりと、その方法はさまざまですよね。

詞・曲／新沢としひこ

こんにちは　こんにちは　わたしのあいさつ　こんにちは

© ASK MUSIC Co.,Ltd.

きょうはいちにち
どんな日だった？

さてあなたは今日、一日何をしていましたか？
それを手話で表せたら楽しいですね。
手話では表情もとても大切です。「笑う」「おなかがすいた」「泣く」などの表現を、表情豊かに表してみましょう。ほかにも「うたう」「泳ぐ」など、いろいろな手話を応用してみましょう。

年少から遊べる

🎵 きょうは
両手のひらを下に向け、おなかの前に水平にポンと置く　★今日、今、現在

いちにち
人さし指を立て、こぶしを左肩に1回、右肩に1回あてる（指は体につけない）　★一日

わらってました　ワッハハワッハハワッハッハ
口元で両手をパクパクさせる（手は閉じない）　★笑う
※「わらって～ワッハッハ」まで同じ動作をくり返す

きのうは
顔の横に立てた人さし指で、肩ごしに後ろを指さす　★昨日

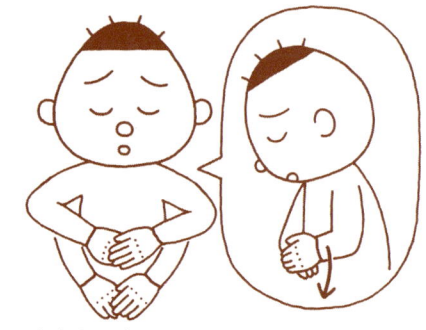

いちにち

はらペコでした　ペコペコペコペコペッコペコ
おなかに右手のひらをあて、その上に左手を重ね、胃からおへそのあたりまで、両手でギュッと押し下げる　★おなかがすく

ぼくは
自分を指さす　★私、ぼく

いちにち

ないていました　エンエンエンエンエンエンエン
両手で泣く形を作り、左右一緒に振る　★泣く

| わたしは | いちにち | おこってました プンプンプンプンプンプンプン |

人さし指を鬼のつののように
突き出す　　　　★怒る

| きみは | いちにち | ねむってました グーグーグーグーグーグーグー |

相手を指さす　★あなた、きみ

両手のひらを合わせ、片頬にあてる
　　　　　　　　　　　★寝る

| みんなで | いちにち | あそんでました ルンルンルンルンルンルンルンルン |

手のひらを下にふせ、体の前で円を描
くように水平に大きく回す　★みんな

人さし指を頭の横で交互に前後させる
　　　　　　　　　　★遊ぶ、遊び

詞・曲／新沢としひこ

きょうは いちにち わらってました ワッハハ ワッハハ ワッハハ

© ASK MUSIC Co.,Ltd.

はやゆび ことばのうた
指の体操

指文字をおぼえるのは楽しいですが、文字から文字へ指を動かしていくのはちょっとたいへんです。この歌を使って、遊びながら練習してみましょう。文字の組み合わせによって、かんたんだったり、とてもむずかしかったりします。
文字のセレクトは「あいうえおカード」のようなもので無作為に決めても楽しいですね。

年長から遊べる

いろいろな組み合わせでためしてみましょう。

これならかんたん♥「ひ」と「そ」　これはむずかしいぞ！「わ」と「い」

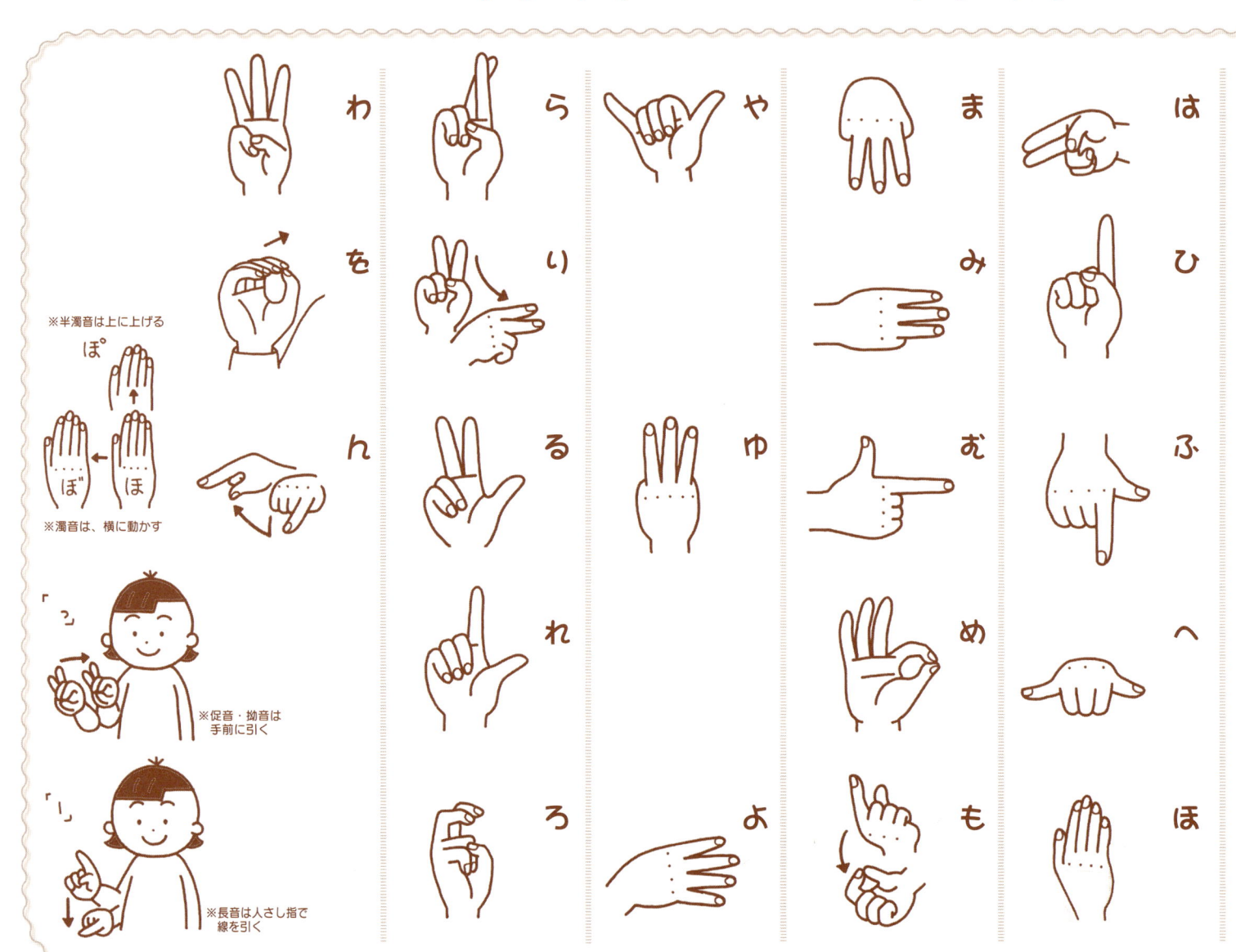

※半濁音は上に上げる
ぽ
ぼ　ほ
※濁音は、横に動かす

※促音・拗音は手前に引く

※長音は人さし指で線を引く

わ	ら	や	ま	は
を	り	み	ひ
ん	る	ゆ	む	ふ
れ	め	へ
ろ	よ	も	ほ

※指文字は「あ〜ん」までの50音を指で表現するものです。手話で表しにくい固有名詞や新しい言葉を伝えたい時に役立ちます。

詞・曲／新沢としひこ

「あ」とね 「い」とね 「あ」とね 「い」とね 「あ」と「い」と「あ」と「い」と 「あいあい」

© ASK MUSIC Co.,Ltd.

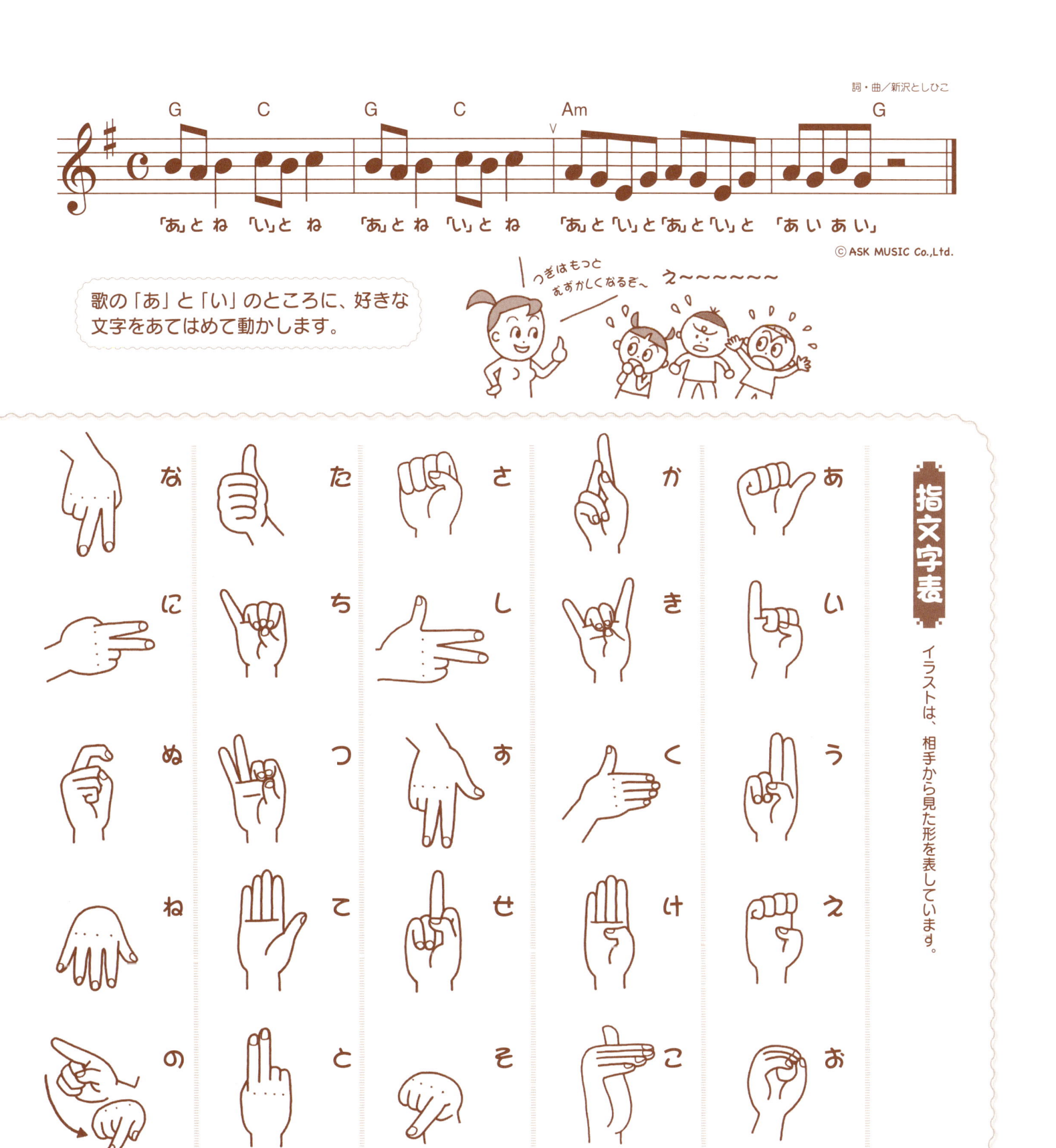

歌の「あ」と「い」のところに、好きな文字をあてはめて動かします。

つぎはもっとむずかしくなるぞ～　え～～～～～

指文字表

イラストは、相手から見た形を表しています。

あ	か	さ	た	な
い	き	し	ち	に
う	く	す	つ	ぬ
え	け	せ	こ	ね
お	こ	そ	と	の

※口の動きと一緒に読みとれるように、指文字は胸の前あたりか、顔の横で表しましょう。

57

ワンワンピョンピョン
組み合わせわらべうた

一見意味のないような不思議なわらべうた調の歌ですが、実は仕掛けがあります。2人で向かい合い、1小節ずらして輪唱のようにすると、動きが組み合わさるようにできているのです。2人の息がピッタリ合うと見ていても楽しく、とても気持ちが良いです。

歌も動きも輪唱になっていますので、4グループぐらいに分かれて横に並び、グループごとに輪唱していっても、なかなか見事な手と声の合唱になります。

発表会やお楽しみ会で
年長から遊べる

♪ ワンワンワン　　　　ピョンピョンピョン　　　　ゆきがふったら

頭の横で指を立てる
★イヌ

手のひらを後ろに向けて、顔の両側に腕を高く上げ、2回はずむようにひじを曲げる　★ウサギ

OKの手を、頭の上から下までヒラヒラさせながら舞いおろす　★雪、雪が降る

ワンワンワン　　　　ピョンピョンピョン 　　　　ゆきがやんだら

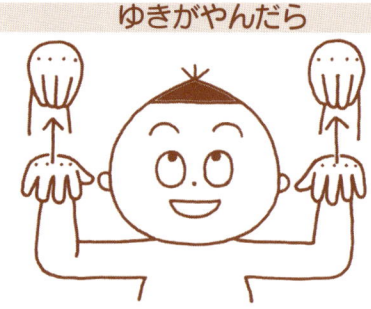

指先をつぼめながら上に上げる
★やむ（雨、雪）

ワンワンワン　　　　ピョンピョンピョン 　　　　おわりだよ

上向きに開いた両手を、おろしながらつぼめる
★終わり、〜しました

詞・曲／新沢としひこ

ワン ワン ワン　ピョン ピョン ピョン　ゆきがふったら エ レ ベ ー ター　ゆき だる まだ よ	
ワン ワン ワン　ピョン ピョン ピョン　ゆきがやんだら エ レ ベ ー ター　おおき な き だ よ	

エレベーター クリスマスツリーの エレベーター　ワン ワン ワン　ピョン ピョン ピョン　おわり だよ
エ レ ベ ー ター （※）ビルがたったよ エ レ ベ ー ター

© ASK MUSIC Co.,Ltd.

エレベーター 
チョキの手を反対の手のひらにのせて、両手一緒に上に上げる
★エレベーター

ゆきだるまだよ 
指先を前に向け、上から下へ、ゆきだるまの形を描く

エレベーター

クリスマスツリーの
手のひらで上から下へ、もみの木の形を描く 

エレベーター

エレベーター
チョキの手を反対の手のひらにのせ、両手一緒に下におろす 
★エレベーター

おおきなきだよ 
親指と人さし指を、おなかの前で向き合わせ、木の幹を作るように動かし、枝を広げる　★木

エレベーター

ビルがたったよ
手のひらでビルの形を作るように下から上へ描く　★ビル、建物 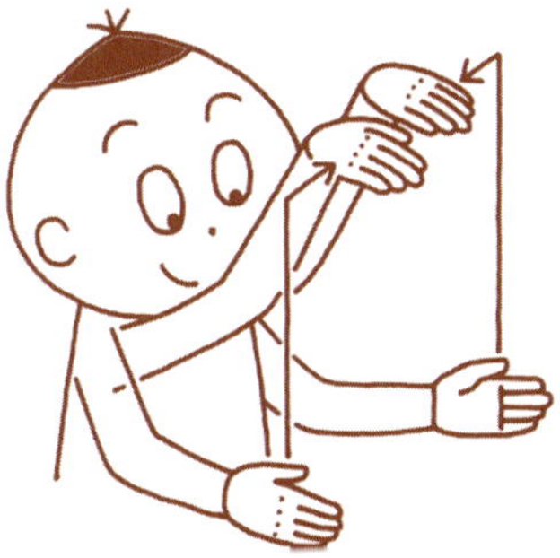

エレベーター

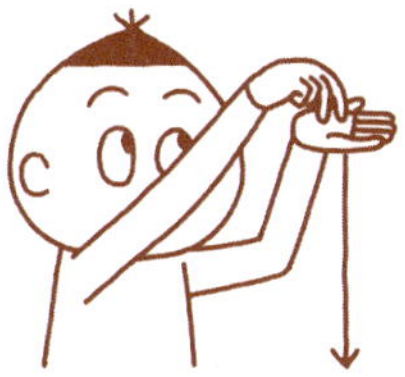

「エレベーター」という手話は、人の足を表した2本の指を、反対の手のひらにのせて上げ下げして表現します。上げると「エレベーターが上がる」、下げると「エレベーターが下がる」という意味になります。

ワンワンピョンピョン

2人で輪唱してみましょう

※接近して向かい合います。

Aさんが先に1小節うたったら、2小節目からBさんがスタート。
1人の人の手が上の時は、もう1人の手が下にさがるというように、動きがずれるため、手の動きが組み合わさって、おもしろい手話遊びになります。

A	ワンワンワン	ピョンピョンピョン	ゆきがふったら	エレベーター	ゆきだるまだよ	…
B		ワンワンワン	ピョンピョンピョン	ゆきがふったら	エレベーター	ゆきだるまだよ …

複数のグループで輪唱してみましょう

例えば4グループに分かれて輪唱する場合、1小節ごとにずらしてスタートするので、Aグループが4小節目の「エレベーター」の時、Bグループは「ゆきがふったら」、Cグループは「ピョンピョンピョン」、Dグループは「ワンワンワン」の手話をすることになります。

A	ワンワンワン	ピョンピョンピョン	ゆきがふったら	エレベーター	ゆきだるまだよ	エレベーター…
B		ワンワンワン	ピョンピョンピョン	ゆきがふったら	エレベーター	ゆきだるまだよ…
C			ワンワンワン	ピョンピョンピョン	ゆきがふったら	エレベーター…
D				ワンワンワン	ピョンピョンピョン	ゆきがふったら…

Aグループ エレベーター　Bグループ ゆきがふったら　Cグループ ピョンピョンピョン　Dグループ ワンワンワン

Part 2 手話ソング

おばあちゃん おじいちゃんの マンボ

交流会で

敬老の日のつどいなど、おばあちゃんやおじいちゃんと交流する機会も
ふえてきました。そんな時にピッタリのコミュニケーションソングです。
歌で質問した後は、おばあちゃん、おじいちゃんが答える番です。
子ども時代のことを自由に話してもらいましょう。
おばあちゃん、おじいちゃんと、たくさんおしゃべりするきっかけになっ
たらいいな、と思います。

作詞・作曲／新沢としひこ

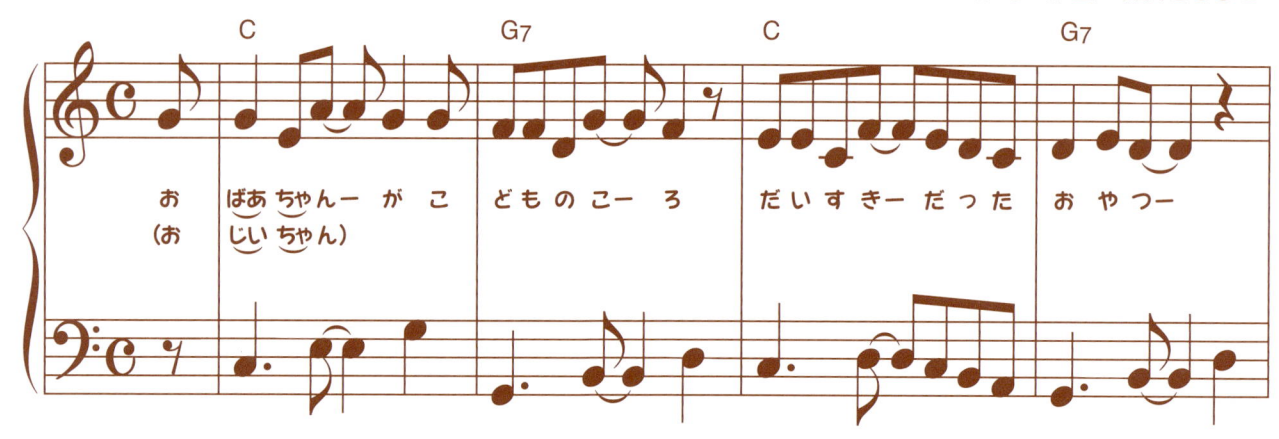

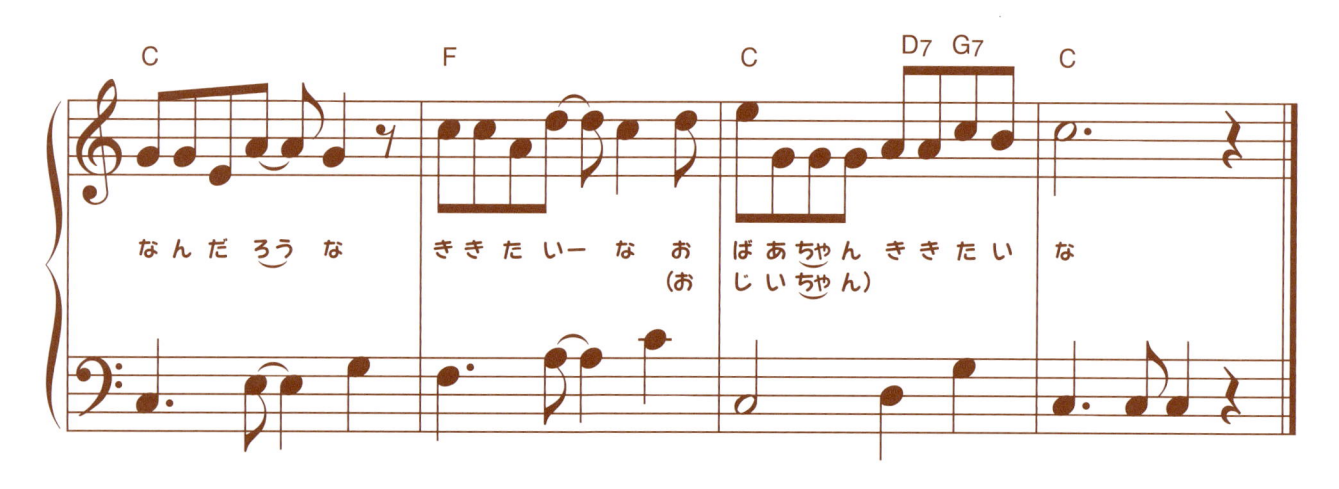

お(お)ばあちゃんーがこ どものこーろ だいすきーだった おやつー
じいちゃん

なんだろうな ききたいーな お(お)ばあちゃんききたい な
じいちゃん

© ASK MUSIC Co.,Ltd.

♪ラテンのリズムの伴奏になっています。自然に体が動いて踊りたくなるように、明るく楽しく
　弾いてみましょう。

♪ おばあちゃんが	（または おじいちゃん）	こどものころ	だいすきだった
立てた小指をちょっと曲げ、右から左へ2回、弧を描いて進む ★おばあちゃん	立てた親指をちょっと曲げ、右から左へ2回、弧を描いて進む ★おじいちゃん	手のひらを後ろに向けて顔の横から背の方にたおす ★過去	のどにあてた親指と人さし指を、閉じながら胸の前までおろす ★好き、〜したい

おやつ	なんだろうな	ききたい	な
親指と人さし指でお菓子をつまんだ手の形を作り、口元で前後に動かす ★お菓子、お菓子（おやつ）を食べる	人さし指を左右に振る ★何	聞き耳をたてる ★聞く	「だいすきだった」と同じ

おばあちゃん（おじいちゃん）	ききたい	な
相手を呼ぶように手まねきをする		

手話のバリエーション

♪おやつ のところをかえて遊んでみましょう。

★テレビ・えいが — 顔から20〜30cm離した位置で両手を交互に上下させる

★あそび — 人さし指を頭の横で交互に前後させる

★うた — チョキの指をそろえ、人さし指側を口元にあて、そのまま、手をはずませながら上に広げていく

63

じゅうにしの ボレロ

十二支暗記歌

十二支は知っているようで、実はちゃんと言えなかったりします。そこで手話表現つきのかんたんな歌を作りました。メロディー、手話と一緒におぼえてみましょう。
かんたんな合唱も、輪唱もできます。手話を交えてうたってみると、なかなか壮大なものになりますよ。ぜひお試しあれ。

作詞・作曲／新沢としひこ

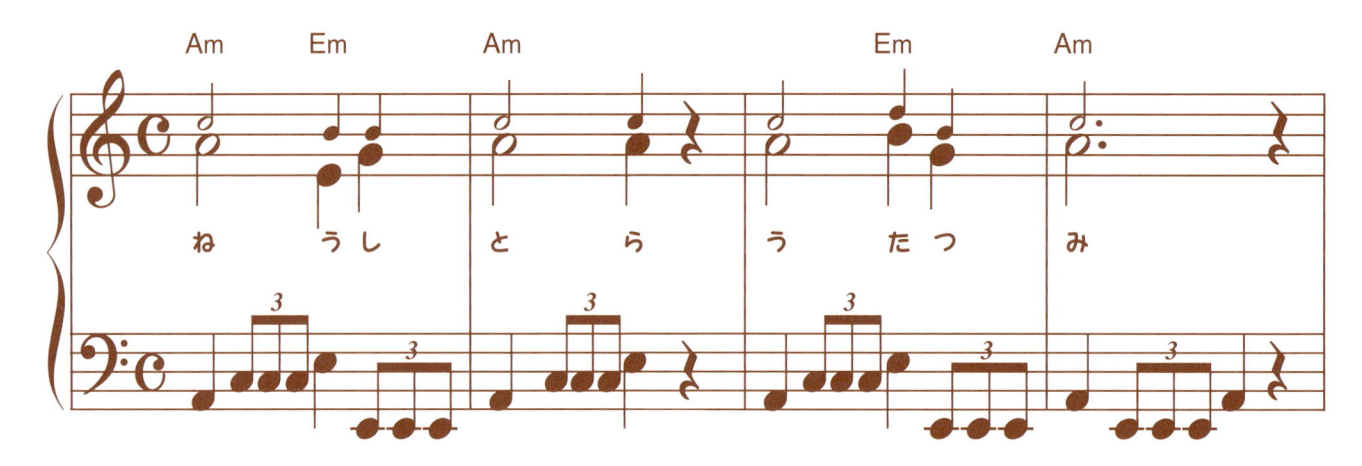

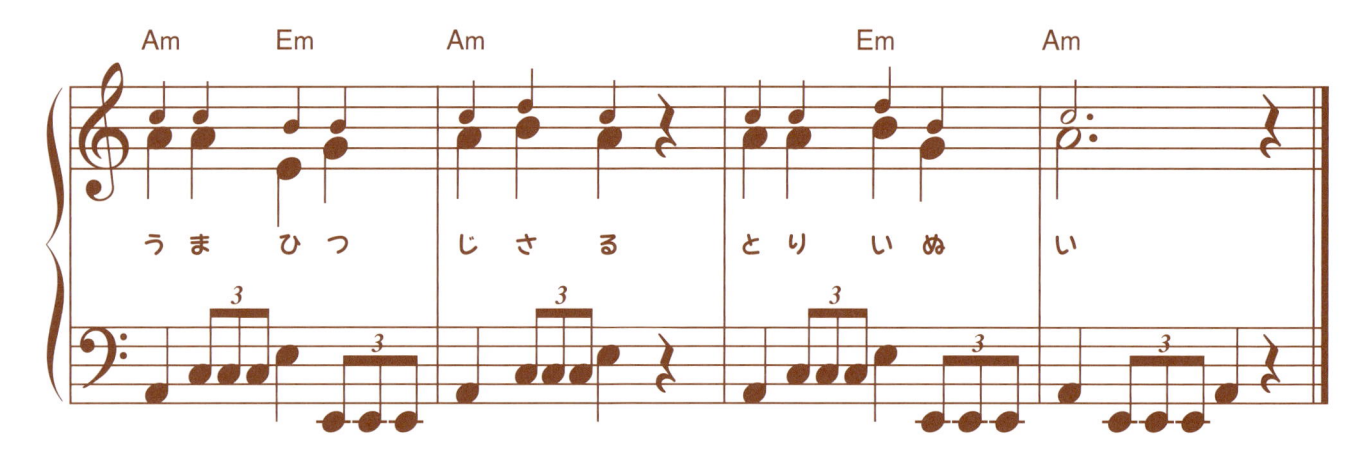

(楽譜：Am Em Am Em Am / ね うし とら う たつ み / うま ひつじ さる とり いぬ い)

© ASK MUSIC Co.,Ltd.

♪ボレロのリズムになっています。でも日本人にはTV「水戸黄門」のテーマの感じと言った方がわかりやすいかもしれません。大名行列のような重々しい行進曲というようなニュアンスです。三連符のところをちゃんと弾くと感じが出ますが、むずかしければ普通に四分音符で弾いてください。
二重唱の楽譜になっています。主旋律は下の音符の方です。上の小さな音符はコーラスパートですので、できれば挑戦してみましょう。

♪ ね	うし	とら
チョキの手の人さし指と中指を曲げて口にあて、二指だけを動かす ★ネズミ	人さし指を立て、親指を頭にあてる ★ウシ	頬のところから両手を左右に引く（ヒゲを表す） ★トラ

う	たつ	み
手のひらを後ろに向けて、顔の両側に腕を高く上げ、2回はずむようにひじを曲げる ★ウサギ	鼻の下にあてた人さし指を、弧を描きながら前に向かってのばす（ヒゲを表す） ★タツ	親指の先を前に向けて、左右に揺らしながら前に出す ★ヘビ

うま	ひつじ	さる
体の前と横で、人さし指をムチのように上下に動かす ★ウマ	両手の人さし指を頭の横でグルグルと回す（つのを表す） ★ヒツジ	両手を同じ方向に向け、片方の手でもう一方の手の甲をかく仕草をする ★サル

とり	いぬ	い
額に親指をあて、それ以外の指を振る ★ニワトリ	頭の横で指を立てて振る ★イヌ	人さし指をカギのように曲げ、口元から前に出す（キバを表す） ★イノシシ

じゅうにの ほしの セレナーデ

星座暗記歌

自分が何座というのは知っていても、十二星座を順番にきちんと言える人はなかなかいません。
そこで、手話を使っておぼえてしまいましょう。いつのまにか頭から離れなくなりますよ。おぼえておくと、実は便利です。一度おぼえたら一生ものです。

作詞・作曲／新沢としひこ

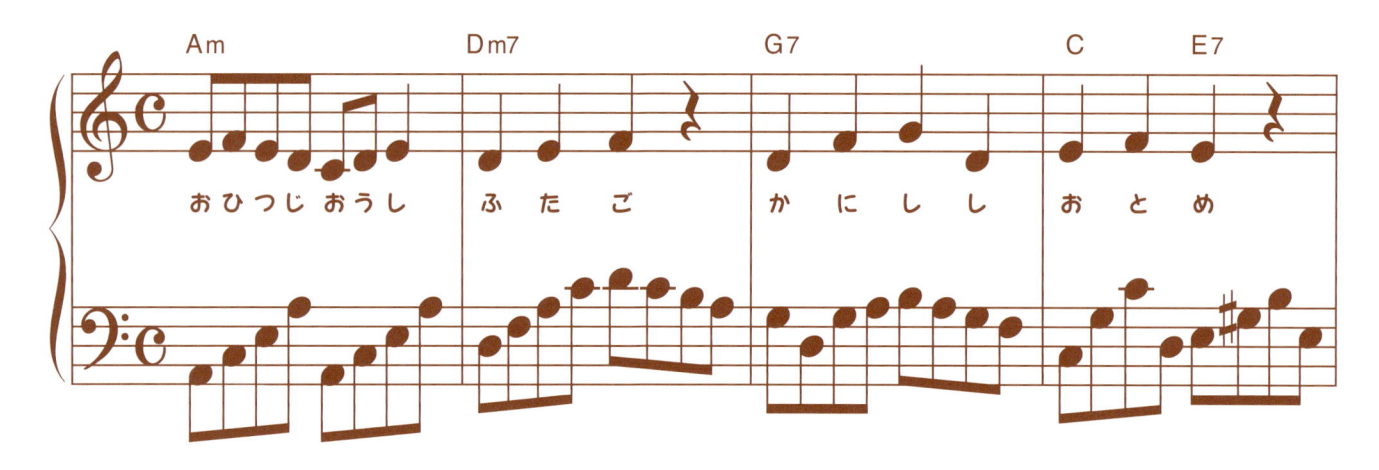

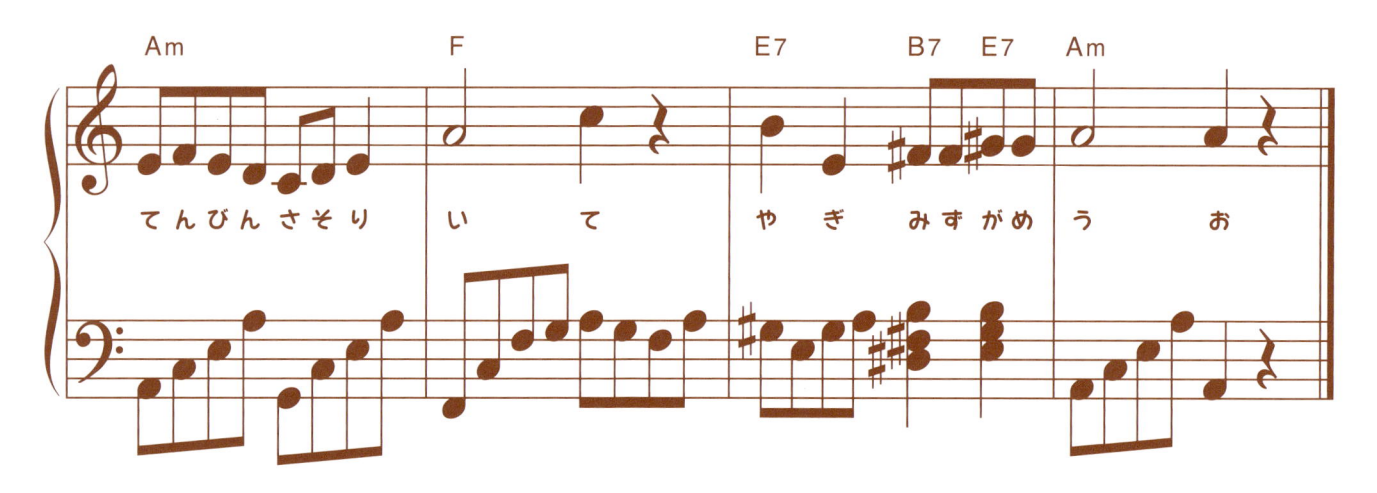

おひつじ おうし ふたご かに しし おとめ
てんびん さそり いて やぎ みずがめ うお

♪星座が出てくる神話には悲しいものが多いので、自然に暗いメロディーになってしまいました。
情感を込めて、しっとり、ロマンティックに弾いてくださいね。

© ASK MUSIC Co.,Ltd.

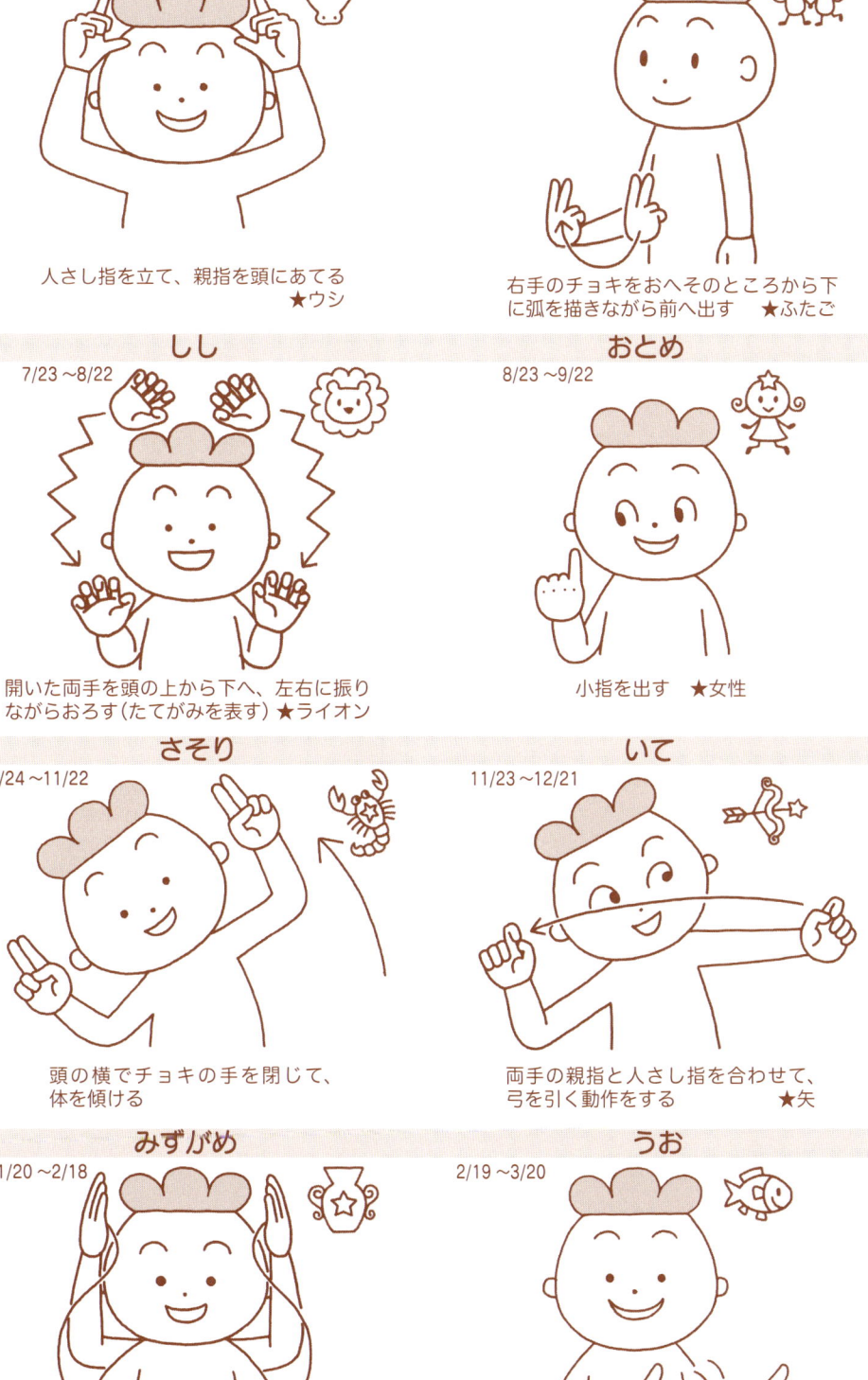

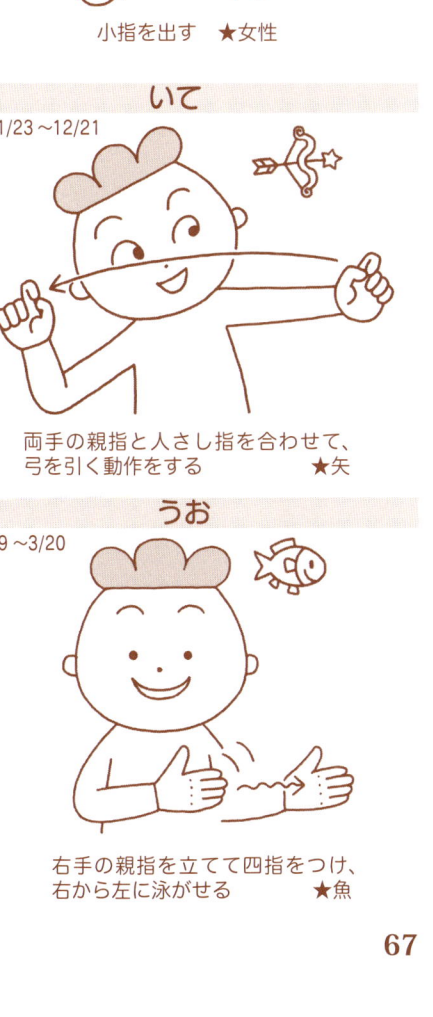

♬ **おひつじ** 3/21～4/19	**おうし** 4/20～5/20	**ふたご** 5/21～6/21
両手の人さし指を頭の横でグルグルと回す（つのを表す）　★ヒツジ	人さし指を立て、親指を頭にあてる　★ウシ	右手のチョキをおへそのところから下に弧を描きながら前へ出す　★ふたご
かに 6/22～7/22	**しし** 7/23～8/22	**おとめ** 8/23～9/22
頭の横でチョキの手を閉じたり開いたりする。チョキの手を左右に振るだけでもよい　★カニ	開いた両手を頭の上から下へ、左右に振りながらおろす（たてがみを表す）　★ライオン	小指を出す　★女性
てんびん 9/23～10/23	**さそり** 10/24～11/22	**いて** 11/23～12/21
上に向けた手のひらを、左右交互に上下させる　★比べる	頭の横でチョキの手を閉じて、体を傾ける	両手の親指と人さし指を合わせて、弓を引く動作をする　★矢
やぎ 12/22～1/19	**みずがめ** 1/20～2/18	**うお** 2/19～3/20
片手をあごにあて、握りながら下におろす（ひげを表す）　★ヤギ	上から下へ、両手で水がめの形を描く	右手の親指を立てて四指をつけ、右から左に泳がせる　★魚

きみと いっしょに

追いかけ歌
楽譜 p.70

発表会やお楽しみ会で

きみと（きみと）	いっしょに（いっしょに）	みちを（みちを）	あるこう（あるこう）
相手を指さす ★あなた、きみ	両手の人さし指で前をさし、その指を中央に寄せる ★一緒に	手のひらを向き合わせ、右に左にクネクネさせながら体の前から前方に進めていく ★道	前方へ、進む先を指さす ★行く

きみと（きみと）	いっしょに（いっしょに）	かわを（かわを）	わたろう（わたろう）
		手のひらを上にし、左から右へ波打つように移動させる（目線は手を追う） ★川	上の「あるこう」と同じ

きみは（きみは）	ちいさな（ちいさな）	はなを（はなを）	みつけて（みつけて）
	おなかの高さで手のひらを向き合わせ、体の幅から中央に小さくせばめていく	両手の五指を開いて花を作る	人さし指の横（指の腹ではない）を目の下にあててから花を指さす

ぼくは（ぼくは）	ちいさな（ちいさな）	さかな（さかな）	みつける（みつける）
自分を指さす ★私、ぼく		右手の親指を立てて四指をつけ、右から左に泳がせる ★魚	魚を指さす

追いかけ歌なので、リーダーの後についてすぐにうたうことができますね。
なれてきたら2グループに分かれてうたってみましょう。シンプルな言葉でも手話を
つけることによって、より情感が出たりします。優しくていねいにうたってみましょう。

きみと（きみと）	いっしょに（いっしょに）	そらを（そらを）	みあげて（みあげて）
		手のひらで、右上に高く弧を描く（空を見上げるように） ★空	人さし指の横（指の腹ではない）を目の下にあててから空を指す

きみと（きみと）	いっしょに（いっしょに）	かぜを（かぜを）	うけよう（うけよう）
		右から左へ両手のひらで風を送る ★風、風が吹く	手の甲を相手に向け、顔の横を前から後ろにゆっくりあおぐ

きみは（きみは）	ちいさな（ちいさな）	とりを（とりを）	みつけて（みつけて）
	目の上で手のひらを向き合わせ、中央に小さくせばめていく	顔を上に向けて人さし指と親指でクチバシの形を作り、口の前で2回合わせる ★鳥	人さし指の横（指の腹ではない）を目の下にあててから鳥を指す

ぼくは（ぼくは）	ちいさな（ちいさな）	にじを（にじを）	みつける（みつける）
		空を見上げ、小指と薬指を折った手で高く小さく弧を描く	虹を指さす

きみといっしょに

手話 p.68〜69　　作詞・作曲／新沢としひこ

きみ／きみと／いっしょに／みちを／あるこう／きみと／いっしょ
きみと／いっしょに／みちを／あるこう／きみと

に／かわを／わたろう／きみは／ちいさな／はなを／みつけ
いっしょに／かわを／わたろう／きみは／ちいさな／はなを／とりを

て／ぼくは／ちいさな／さかな／みつけ／るる
みつけて／ぼくは／ちいさな／にじを／みつける
みつけて／ぼくは／ちいさな／にじを／みつける

♪くり返しの多い淡々とした伴奏ですが、単調にならないように、きちんとていねいに弾いてみましょう。静かな印象の歌ですが、暗くなりすぎないように気をつけましょう。

© ASK MUSIC Co.,Ltd.

手話 p.72～76

世界中の こどもたちが

作詞／新沢としひこ
作曲／中川ひろたか

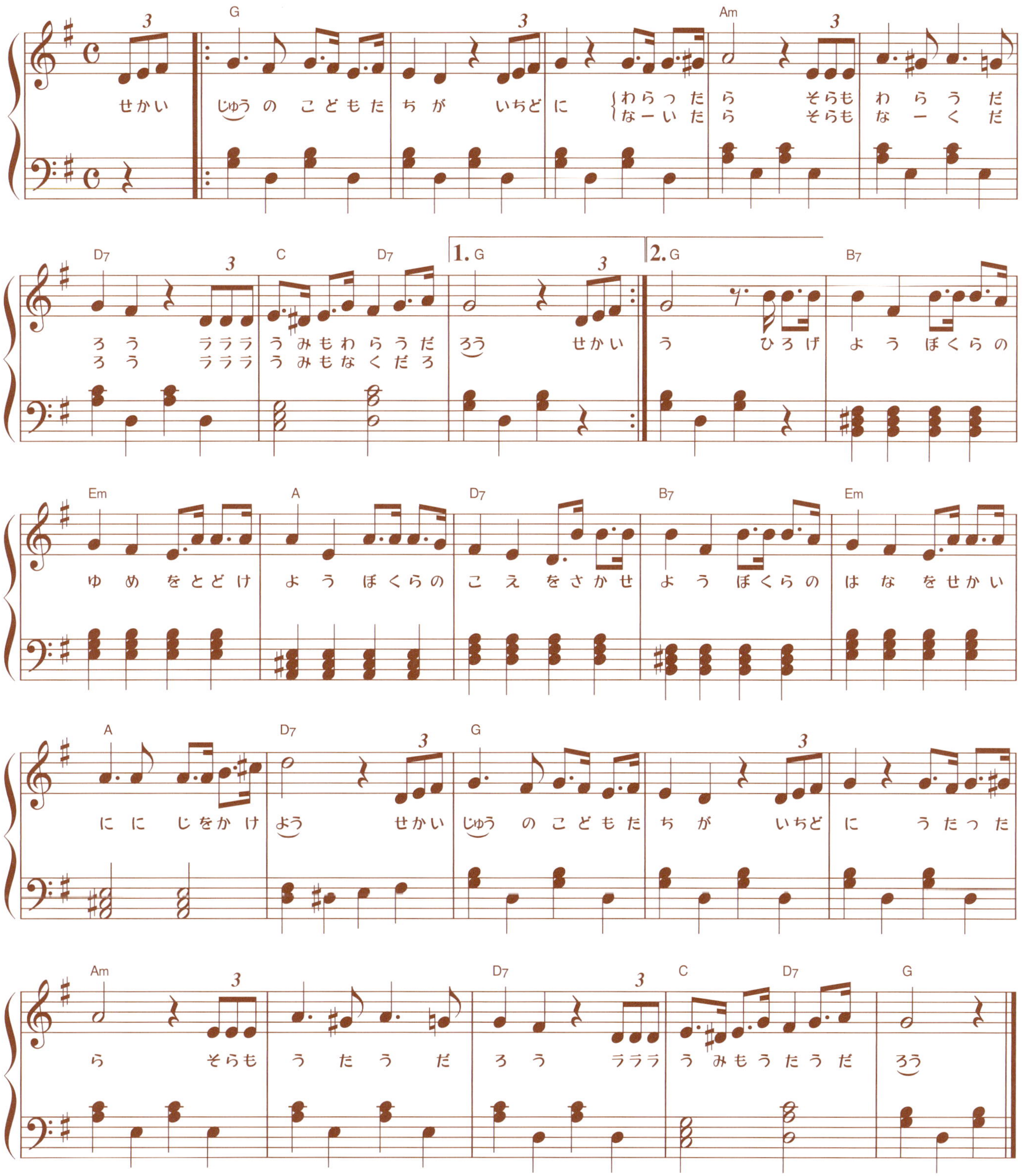

世界中のこどもたちが ※コーラスバージョン

A・Bグループそれぞれの動き
※p.76のようにA・Bの2グループに分かれてスタンバイ

楽譜 p.71

発表会やお楽しみ会で

※特記外はAB同じ動作

1番

A ♪ せかいじゅうの B
★世界・地球
両ひじをはって胸の前で五指を向き合わせ、手首を返すように前方にグルリと大きく回して、丸い地球を作る

こどもたちが
★子ども
中央から左右へ、子どもの頭をポンポンとおさえるような動作をしながら、リズムに合わせて両手を広げていく

いちどに
Bグループの方を向く / Aグループの方を向く

わらったら
★笑う
両手をパクパクさせながら、口元から顔の横まで開いていく

そらも わら / そらも わらう
空を見上げる / 大きく弧を描く
★空 手のひらでゆっくり大きく弧を描く

う
空を指さす

Aの2コマ分で1つの動作

だろう
空の方に耳をすませるようにうなずく
「わらったら」と同じ

ラララうみも
手のひらを上向きに、おなかの前で左から右へ波打たせる
海を見る

わらう だろう / わらう
Bグループの方を向いて笑う
笑って海を指さす

だろう
海に向かって耳をすませるようにうなずく

Bの2コマ分で1つの動作

♫「世界中のこどもたちが」の手話のコーラスバージョンをご紹介します。声のハーモニーではなく手話のハーモニーです。AグループとBグループがそれぞれに違う手話でうたいます。
組合わさった時に、ちゃんと意味が伝わるようにできています。ぜひ挑戦してみましょう。

※くり返し

A **B** せかいじゅうの

こどもたちが

いちどに

ないたら
★泣く
目の下で泣く形を作り、両手一緒に左右に振る

そらもな
空を見上げる

そらもなく
手のひらでゆっくり大きく弧を描く

く
空を指さす

2番

だろう
空の方に耳をすませるようにうなずく

「ないたら」と同じ

ラララうみも
手のひらを上向きに、おなかの前で左から右へ波打たせる

海を見る

なくだろう
Bグループの方を向いて泣く

なく
海を指さす

だろう
海に向かって耳をすませるようにうなずく

♬手話ソングは、発表会などで披露することが多いようです。そんな時に手話がコーラスになっていると、より楽しいし、ダイナミックな表現で、見た目もぐっとはなやかです。並び方でも印象が変わるので、おおぜいが参加する場合には隊形の例（p.76）を参考にして工夫してみてください。

73

世界中のこどもたちが

A / B ひろげようぼくらの
★夢
軽く開いた手の小指をこめかみにあて、フワフワと斜め上に持ち上げていく（右手で）
同じ動作を左手で

ゆめを
右手を残したまま、左手も同様に持ち上げる

とどけよう
両手のひらを上にして、前に差し出す

ぼくらの
AとBが顔を見合わせ、口元に両手をそえて声をかけるようにうなずく

こえを
右側に声をかけるようにうなずく
左側に声をかけるようにうなずく

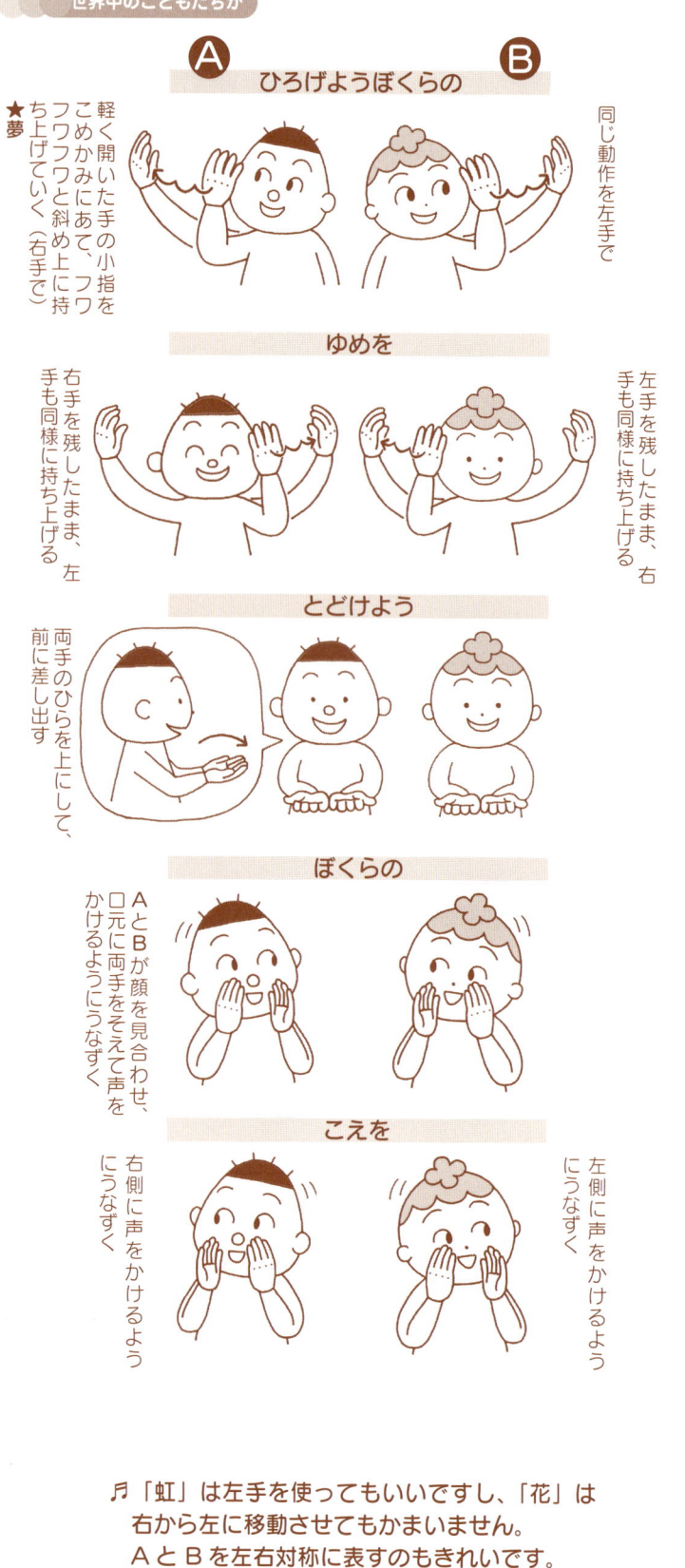

♬「虹」は左手を使ってもいいですし、「花」は右から左に移動させてもかまいません。
AとBを左右対称に表すのもきれいです。

さかせ
体の左前に両手で花のつぼみを作る

よう
つぼみを開く

ぼくらのはなを
手首をクルクルひねりながら、開いた花を左から右に移動させる

せかいに
「せかいじゅうの」と同じ

にじをかけよう　にじをかけよう〜
★虹
空を見上げ、小指と薬指を折った右手で高く大きく弧を描く
空を見上げる

〜
Bを追いかけて虹

※くり返し

A せかいじゅうの **B**

こどもたちが

いちどに

うたったら

チョキの指をそろえ、人さし指側を口元にあてて、そのまま、手をはずませながら上に広げていく
★歌・うたう

そらもうた　　そらも うたう

空を見上げる　　手のひらでゆっくり大きく弧を描く

う

空を指さす

3番

だろう

空の方に耳をすませるようにうなずく

「うたったら」と同じ

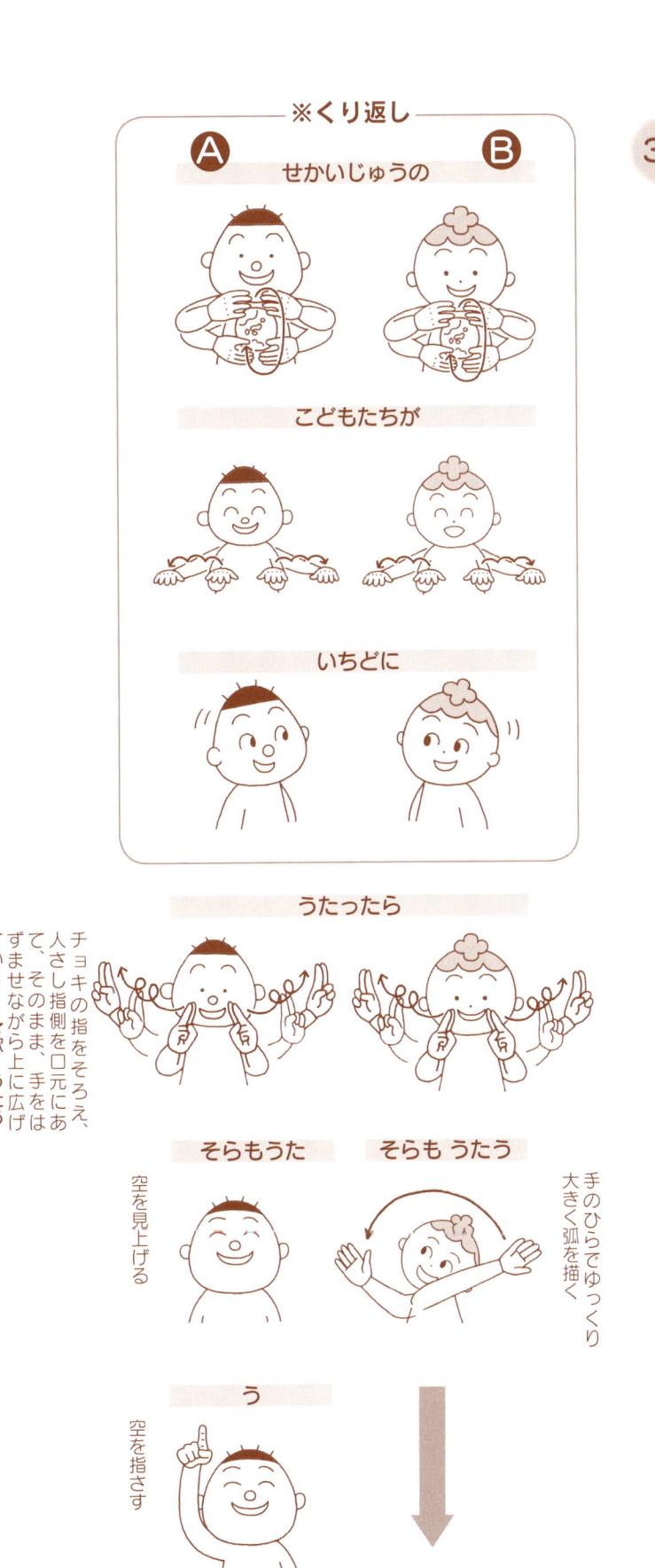

ラララうみも

手のひらを上向きに、おなかの前で左から右へ波打たせる

うたうだろう

※「世界中のこどもたちが」の手話スタンダード版は姉妹本でご紹介しています。
『歌でおぼえる手話ソングブック
　　ともだちになるために』（鈴木出版）

「世界中のこどもたちが」コーラスバージョン A・Bグループの並び方・例

※1グループ2〜3人から10人以上の大人数でも楽しめます。

隊形のバリエーションをご紹介します。2つのグループの動きが左右対称になったり、互い違いになるところがきれいに見えるように工夫しましょう。

横1列 2分割
Aグループ　Bグループ

横1列 交互
A B A B A B A B A B A B

横2列 2分割
Aグループ　Bグループ

交互 縦列
A B A B

横2列 横分割
Aグループ / Bグループ 

横3列 横分割
Aグループ / Bグループ / Aグループ

手話 50音さくいん

あ
あいさつ　12・52
アイススケート　34
会う　12・40
青　21
赤　18
赤ちゃん　19
朝、起きる　14
明日　26
遊ぶ、遊び　13・46・55・63
あなた、きみ　40・49・55・68
兄　19
姉　19
雨・雨が降る　10
ありがとう　43

い
家　18
行く　68
一日　54
一番　16
いつ（何月何日）　24
一緒に　68
イヌ　58・65
イノシシ　65
今、現在、今日　26・51・54
妹　20
イヤリング　34
居る　18

う
ウサギ　36・58・65
ウシ　65・67
歌、うたう　63・75
美しい、きれい　19・29
ウマ　65
生まれる　51
うらやましい　41
売る　30
うるさい　47
うれしい、楽しい、喜ぶ　19・40

え
絵、絵を描く　27
映画、テレビ　63
エレベーター　59
遠足、ハイキング、行進　36

お
おいしい　28
お菓子、お菓子（おやつ）を食べる　14・45・63
お金を使う、ショッピング、買い物　26
起きる、朝　14
怒る　55
おじいちゃん　20・63
お正月　47
弟　20
オートバイ　35
驚く、びっくりする　8
おなかがすく　54
お願い　40・43
おばあちゃん　20・63
おはよう　14
泳ぐ、スイミング、水泳　26
終わり、〜しました　58

か
会議、相談　44
買い物、ショッピング、お金を使う　26
買う　30
科学　47
過去　63
風・風が吹く　10・69
家族　19
悲しい　41
カニ　67
かまわない　43
カミナリ　11
川　68
かわいい　19
代わる　43
がんばる、元気　20

き
木　59
黄色　21
聞く　63
汚い、ゴミ　29
昨日　24・54
きみ、あなた　40・49・55・68
今日、今、現在　26・51・54
きれい、美しい　19・29

く
草、緑　21
クモ　39
くやしい　41
暗い、夜　14
比べる　67
クリスマス　47
黒　21

け
元気、がんばる　20
現在、今日、今　26・51・54

こ
コアラ　16
行進、遠足、ハイキング　36
子ども　72
ごはん、食べる　45
困る　41
ゴミ、汚い　29
ごめんなさい、すみません　43
ゴリラ　38
こんにちは　14
こんばんは　14

さ
サイクリング、自転車　24・35
探す　45
魚　67・68
さようなら　13
サル　65

し
幸せ　41
自転車、サイクリング　24・35
自動車、ドライブ　35
手話　46
上手　29
女性　67
ショッピング、お金を使う、買い物　26
知らない、わからない　29
知る、わかる　29
白　21
新幹線　35
〜したい、好き　63
〜しました、終わり　58

す
スイミング、水泳、泳ぐ　26
好き、〜したい　63
スキー　34
ずっと、続く　40
すばらしい　20・29
すみません、ごめんなさい　43
相撲　14

せ
世界、地球　72
洗濯機、洗濯　34

そ
相談、会議　44
空　69・72

た
退屈　45
竹　22
尋ねる　43
タツ　65
建物、ビル　59
楽しい、うれしい、喜ぶ　19・40
食べる、ごはん　45
だれ　16・18・24

ち
地球、世界　72
父　18・24

つ
続く、ずっと　40
釣り　26

て
テレビ、映画　63
電車　34
電話　33
電話をかける　33

と
読書、読む　27
友だち　20
友だち、仲良し、仲間　45
トラ　65
ドライブ、自動車　35
鳥　69

な
仲良し、友だち、仲間　45
泣く　54・73
何　24・34・43・46・49・63
名前　49

手話 50 音さくいん

に
- 虹 74
- ニワトリ 37・65

ね
- ネズミ 65
- 寝る 45・55

は
- ハイキング、行進、遠足 36
- バス 35
- 恥ずかしい 41
- 母 19・26
- 晴れ 11
- パンダ 16

ひ
- 飛行機 35
- びっくりする、驚く 8
- ヒツジ 65・67
- 昼 14
- ビル、建物 59

ふ
- フェスティバル 47
- 不幸、まずい、不便 28
- ブタ 38
- ふたご 67
- 船 35
- 不便、不幸、まずい 28
- 踏切 47
- プレゼントをあげる 32
- プレゼントをもらう 32

へ
- 下手 29
- ヘビ 65
- ペンギン 16

ほ
- 宝石、指輪 34
- ぼく、私 26・40・49・51・54・68
- ほっとする 11
- 本 27

ま
- まずい、不便、不幸 28
- また 13

み
- 道 68
- 緑、草 21
- 未来 40
- みんな 55

む
- 紫 21

め
- 迷惑 43

も
- もっと、〜よりも 22

や
- 矢 67
- ヤギ 67
- 優しい 20
- やむ（雨、雪） 58

ゆ
- 雪、雪が降る 58
- 指輪、宝石 34
- 夢 74

よ
- 良い 40
- 読む、読書 27
- 夜、暗い 14
- 喜ぶ、うれしい、楽しい 19・40
- 〜よりも、もっと 22

ら
- ライオン 67

れ
- 冷蔵庫 34

ろ
- ロケット 35

わ
- わからない、知らない 29
- わかる、知る 29
- 私、ぼく 26・40・49・51・54・68
- 笑う 54・72
- 悪い 29

- 数の表し方 51
- 日にちや誕生日の表し方 51
- 指文字表 56〜57

あいさつの手話
- あいさつ 12・52
- ありがとう 43
- おはよう 14
- ごめんなさい、すみません 43
- こんにちは 14
- こんばんは 14
- さようなら 13

人を表す手話
- 赤ちゃん 19
- あなた、きみ 40・49・55・68
- 兄 19
- 姉 19
- 妹 20
- おじいちゃん 20・63
- 弟 20
- おばあちゃん 20・63
- 家族 19
- 子ども 72
- 女性 67
- だれ 16・18・24
- 父 18・24
- 友だち 20
- 仲良し、友だち、仲間 45
- 名前 49
- 母 19・26
- ふたご 67
- ぼく、私 26・40・49・51・54・68
- みんな 55

時に関する手話
- 朝、起きる 14
- 明日 26
- 一日 54
- いつ（何月何日） 24
- お正月 47
- 過去 63
- 昨日 24・54
- 今日、今、現在 26・51・54
- クリスマス 47
- ずっと、続く 40
- 昼 14
- 未来 40
- 夜、暗い 14

天気・自然を表す手話
- 雨・雨が降る 10
- 風・風が吹く 10・69
- カミナリ 11
- 川 68
- 空 69・72
- 虹 74
- 晴れ 11
- 雪、雪が降る 58

生き物・植物の手話
- イヌ 58・65
- イノシシ 65
- ウサギ 36・58・65
- ウシ 65・67
- ウマ 65
- カニ 67
- 木 59
- 草、緑 21
- クモ 39
- コアラ 16
- ゴリラ 38
- 魚 67・68
- サル 65
- 竹 22
- タツ 65
- トラ 65
- 鳥 69
- ニワトリ 37・65

種類別さくいん

ネズミ　65
パンダ　16
ヒツジ　65・67
ブタ　38
ヘビ　65
ペンギン　16
ヤギ　67
ライオン　67

スポーツの手話
アイススケート　34
サイクリング、自転車　24・35
水泳、スイミング、泳ぐ　26
スキー　34
相撲　14
釣り　26
ハイキング、行進、遠足　36

乗り物の手話
エレベーター　59
オートバイ　35
自転車、サイクリング　24・35
自動車、ドライブ　35
新幹線　35
電車　34
バス　35
飛行機　35
船　35
ロケット　35

色の手話
青　21
赤　18
黄色　21
黒　21
白　21
緑、草　21
紫　21

電気製品の手話
洗濯機、洗濯　34
テレビ、映画　63
電話　33
冷蔵庫　34

動作を表す手話
会う　12・40
遊ぶ、遊び　13・46・55・63
行く　68
歌、うたう　63・75
生まれる　51
売る　30
絵を描く、絵　27
お菓子（おやつ）を食べる、お菓子　14・45・63
お金を使う、ショッピング、買い物　26
起きる、朝　14
怒る　55
泳ぐ、スイミング、水泳　26
買う　30
代わる　43
聞く　63
行進、遠足、ハイキング　36
探す　45
洗濯、洗濯機　34
尋ねる　43
食べる、ごはん　45
電話をかける　33
ドライブ、自動車　35
泣く　54・73
寝る　45・55
プレゼントをあげる　32
プレゼントをもらう　32
読む、読書　27
笑う　54・72

状態・気持ちを表す手話
一番　16
一緒に　68
居る　18
うらやましい　41
うるさい　47
うれしい、楽しい、喜ぶ　19・40
おいしい　28
おなかがすく　54
お願い　40・43
終わり、～しました　58
悲しい　41
かまわない　43
かわいい　19
汚い、ゴミ　29
きれい、美しい　19・29
くやしい　41
暗い、夜　14
比べる　67
元気、がんばる　20
困る　41
幸せ　41
上手　29
好き、～したい　63
すばらしい　20・29
退屈　45
続く、ずっと　40
恥ずかしい　41
びっくりする、驚く　8
下手　29
ほっとする　11
まずい、不便、不幸　28
迷惑　43
優しい　20
やむ（雨、雪）　58
良い　40
わからない、知らない　29
わかる、知る　29
悪い　29

その他の手話
家　18
イヤリング　34
絵、絵を描く　27
映画、テレビ　63
遠足、ハイキング、行進　36
お菓子、お菓子（おやつ）を食べる　14・45・63
買い物、ショッピング、お金を使う　26
科学　47
ごはん、食べる　45
ゴミ、汚い　29
手話　46
世界、地球　72
相談、会議　44
読書、読む　27
何　24・34・43・46・49・63
ビル、建物　59
フェスティバル　47
踏切　47
本　27
また　13
道　68
もっと、～よりも　22
矢　67
指輪、宝石　34
夢　74

79

Profile

新沢としひこ　Shinzawa Toshihiko

学生時代よりライブハウスで音楽活動を始める。東京・豊島区、神奈川の保育園で保育者を経験後、1987年より月刊『音楽広場』（クレヨンハウス）に毎月歌を連載し、CDや楽譜集を発表。代表作「世界中のこどもたちが」は小学校の音楽の教科書に採用されている。現在はソロコンサートをはじめ、保育者講習会講師、講演会と、全国でステージをこなすかたわら、CDを数多く制作。音楽活動の他にもエッセイの執筆や、絵本作家としても活躍中。常に新しいことに挑戦し、マルチに才能を発揮している。神戸親和女子大学客員教授、中部学院大学客員教授。

■主な著作
「歌でおぼえる手話ソングブック」シリーズ　共著
『ヨガであそぼう！』共著
『なぞなぞごてん』共著
『おなかぺこぺこソングブック』共著
『みんなのたいそう』
絵本『はじめまして』大和田美鈴・絵（以上　鈴木出版）
詩集『空にぐ～んと手をのばせ』
児童書『シュンタの「ぼくんち新聞」』（以上　理論社）

アスクミュージック URL ◆ http://www.ask7.jp/

中野佐世子　Nakano Sayoko

NHK手話ニュースキャスター／東京家政学院大学非常勤講師／淑徳短期大学専任講師／ルーテル学院大学非常勤講師。大学で児童学を専攻し、保健所・児童館などで幼児グループの遊びの指導を担当。大学では障害者福祉や介護技術の指導を行う。手話の指導をはじめ、幼児、高齢者、障害者との共生をめざしたバリアフリー啓発の研修を行っている。

松田 泉　Matsuda Izumi

手話通訳者／元（公財）教科書研究センター研究主幹。手話通訳のボランティアとして実績を重ね、ボランティアサークル「文京手話会」で会長の経験を持つ。小、中学校で手話・障害者・ボランティアについての講演、手話コーラスや手話ソング、ゲームの指導を行っている。

■2人の主な著書
「歌でおぼえる手話ソングブック」シリーズ　共著（鈴木出版）

カバーイラスト　あべ弘士
カバーデザイン　森近恵子（アルファ・デザイン）
本文イラスト　ジャンボKAME
編集・デザイン　山縣敦子

鈴木出版 URL
◆ http://www.suzuki-syuppan.co.jp/

みんなで遊べる　手話ゲームブック　だれかにあったらこんにちは

2006年7月24日　初版第1刷発行
2023年3月15日　初版第10刷発行

著　者　新沢としひこ・中野佐世子・松田 泉
発行人　西村保彦
発行所　鈴木出版株式会社
　　　　〒101-0051　東京都千代田区神田神保町2-3-1
　　　　岩波書店アネックスビル5F
　　　　TEL.03-6272-8001　FAX.03-6272-8016
　　　　振替　00110-0-34090
印刷所　株式会社ウイル・コーポレーション

ⓒ T.Shinzawa S.Nakano I.Matsuda M.Kamei, Printed in Japan 2006
ISBN978-4-7902-7192-5　C0037　NDC369　日本音楽著作権協会（出）許諾第0608190-310号

乱丁、落丁本は送料小社負担でお取り替え致します（定価はカバーに表示してあります）。
本書を無断で複写（コピー）、転載することは、著作権法上認められている場合を除き、禁じられています。